# CÍRCULOS DE HOMBRES

FRANCISCO FORTUÑO GARCÍA

# CÍRCULOS DE HOMBRES

Manual para la evolución masculina

Título original:

## CÍRCULOS DE HOMBRES
Manual para la evolución masculina

Autor:

## ©FRANCISCO FORTUÑO GARCÍA
(francisco@hombresevolucionantes.com)

Corrección y maquetación:
Luis Solís
(criticosliterarios@outlook.es)

Diseño de portada:
· Kevin Gabriel Berón
(kevberon@gmail.com)

Foto de portada:
Gonzalo Santos

## ISBN: 9798523301261

## Sello: Independently published

Primera edición: mayo, 2021

Madrid: España

# FRANCISCO FORTUÑO GARCÍA

Hace unos años era otro hombre frustrado más; me pasaba la vida haciendo lo que todos querían y lo que se supone que debía hacer. Tenía un trabajo que no me llenaba, aunque me permitía pagar las facturas y vivir una vida tranquila y normal.

Durante años había vivido relaciones insatisfactorias, pasaba mucho tiempo con mujeres y tenía pocas conexiones profundas con otros hombres. Sí, caminaba sin rumbo.

Empecé a estudiar *coaching* y comunicación y a vivir un camino de desarrollo personal. Viajé por Asia y América, durante meses, mientras me formaba en el mundo del yoga, descubría el tantra y exploraba mi masculinidad.

Descubrí el trabajo con hombres y desde 2015 he dedicado mucha de mi energía, con constancia e integridad, a generar espacios de transformación para hombres.

Ahora estoy listo para compartir todos estos aprendizajes contigo.

Me mueve la ilusión de hacer que el trabajo con hombres se expanda en el mundo, y que cualquiera que lo necesite disponga de un grupo con el que compartir su camino de evolución. Por eso, en este manual encontrarás todo lo que necesitas para motivarte a participar en un Círculo o atreverte a facilitarlo tú mismo.

## CONTACTO

**Email:**
**francisco@hombresevolucionantes.com**

**Web:**
**www.hombresevolucionantes.com**

# ÍNDICE

# PRÓLOGO

*Por la pasión que sana, la ternura que nos protege y el derecho a ser libres y felices.*

*¡A las almas!*
*¡¡Alto!!*
*He dicho a las almas, no a las armas.*
*Al enemigo hay que curarlo,*
*no eliminarlo.*
*No hay que vencerlos,*
*ni convencerles,*
*Hay que hacerlos amigos.*

*Mujer de verso en pecho,* Gloria Fuertes

*La vida es un largo combate por el que se llega a ser uno mismo; esa es la tarea más elevada e ineludible de todo ser humano.*

Simone de Beauvoir

Escribo este prólogo desde el placentero silencio de la noche en mi casa, en Vitoria-Gasteiz. Acabamos de estrenar el enésimo confinamiento, que, paradójicamente ha conseguido meter en casa al patriarcado: ha llevado a millones de hombres en todo el mundo a pasar más tiempo —nunca ha ocurrido en la historia reciente de la humanidad— en nuestros hogares. He decidido madrugar cada día un poquito más y quitarle horas a mi sueño, y no robárselas así a mis tres amores: Naia, Alain y Jara, que, cuando despiertan, despliegan toda su energía y las necesidades ingentes de cuidados, presencia y vínculo con apego seguro. De este noctámbulo modo, he podido cumplir, con mucho gusto, con el ofrecimiento de mi querido y admirado amigo Francisco Fortuño; saborear este texto y acompañar con unas palabras el magnífico libro que tienes la suerte de sostener en tus manos y que, en breves instantes, tendrás la oportunidad de descubrir y disfrutar en profundidad.

Vivimos en un mundo loco, complejo y áspero, pero en el que también habitan la esperanza y la belleza. Basta recordar las vidas de nuestras inmensas abuelas y contrastarlas con las de nuestras hijas, para dimensionar los logros y avances en materia de igualdad, que son incontestables, con mayor o menor éxito, en todos los rincones y sociedades de nuestro planeta. Pero también, es evidente que nos queda muchísimo camino por recorrer para conseguir una equidad real, efectiva, entre mujeres y hombres: los intolerables feminicidios a lo largo y ancho del planeta, la violencia contra las mujeres en todas sus formas y dimensiones, la desigualdad económica, el acoso callejero, los machismos de baja intensidad, las dobles y triples jornadas de las mujeres y su híperrepresentación en los cuidados. Y, por otro lado, la legitimación de la violencia que ejercemos los hombres contra las mujeres, pero también contra otros hombres y contra nosotros mismos; nuestra sobrerrepresentación en todos los ámbitos de poder o la secular desconexión masculina con las emociones, con nuestros cuerpos y nuestra sexualidad, siguen siendo y generando una realidad doliente y limitadora que es tan global como inaceptable.

Este libro es un trabajo generoso como lo es el autor, que pretende facilitar la creación de Círculos de Hombres. Pero, al mismo tiempo, es un faro que contribuirá a poner luz y acompañar a los millones de hombres que, como Francisco, como tú, querido lector (o lectora) o yo mismo, estamos en tránsito hacia otros modelos de masculinidad, por convencimiento, por justicia o, simplemente, porque hemos tomado conciencia, como comprobaréis en este libro, de que a nosotros también nos va la vida en ello. Sin pretender victimizarnos, sabemos que los varones vivimos de media siete años menos que las mujeres, tenemos muchas más posibilidades que ellas de sufrir un acto de violencia protagonizado por otro hombre, de tener un accidente laboral o de tráfico. Somos legión entre las personas que logran suicidarse, abarrotamos las cárceles, los albergues para personas excluidas, los centros de desintoxicación, lideramos el *ranking* de personas con lesiones medulares, etc. Por todo ello y mucho más, también nos interesan, y en gran medida, los cambios personales y políticos que podemos aprender a crear y transitar de forma colaborativa desde los valores de la igualdad, el diálogo con las mujeres, con otros hombres y con los feminismos.

La buena noticia que nos trae Francisco con este libro es que la posibilidad de los hombres de transformarnos no está fuera ni es lejana; no es una quimera utópica ni tampoco es parte de un anhelo de futuro, sino que se encuentra al alcance de cada uno de nosotros, en el aquí y en el ahora: «Está en nuestras manos evolucionar, y eso es lo que debemos hacer los hombres». No sé si existen los valores de lo «masculino sagrado», o si lo sagrado es lo humano sin más, pero estoy convencido de que como especie estamos diseñados para el bien, y que la biología y la cultura, en condiciones de paz, seguridad y equidad, establecen un baile universal armonioso, una música, una verdadera ética asociada a la erótica que nos mueve a cuidarnos mutuamente, y que nos conmueve en nuestras relaciones interpersonales, amalgamándonos como especie, desde los albores de la existencia humana.

Como afirmara en el siglo pasado la experta en derecho, precursora feminista y periodista gallega, Concepción Arenal, «las fuerzas que se asocian para el bien, no suman, se multiplican». Desde que conozco a Francisco, albergo la certeza de que abogamos, tanto personal y políticamente, por realizar nuevos pactos de convivencia de mujeres y hombres, desde el convencimiento de que cada una de nuestras acciones transforma el mundo, porque lo personal es político y la justicia es una de las formas más sublimes de la belleza. Pero también creo que, modificando e influyendo en las estructuras sociales, en las leyes, los presupuestos, las políticas y nuestro ámbito profesional también contribuimos a los cambios personales, en la rueda nutricia tan imparable como apasionante del nuevo ecosistema feminista que debe ser humanismo en estado puro. Parafraseando al gran maestro y pedagogo brasileño, Paolo Freire, «nadie se libera solo; nos liberamos en comunidad"», o lo que es lo mismo, los hombres necesitamos acompañarnos de otros hombres para abandonar nuestra armadura oxidada, dejar a un lado escudos y espadas, abrazar la ternura, y mirarnos al espejo con compasión. Pero los hombres, necesitamos la compañía, la escucha y la sabiduría de las mujeres para emanciparnos, liberarnos y ser felices. Es más, independientemente de la opción, orientación sexual o tipo de relación, no alcanzaremos la humanidad plena si no lo hacemos juntos, mujeres y hombres, hombres y mujeres.

Cuando en el año 2017 publiqué mi ensayo *Nuevos hombres buenos. La masculinidad en la era del feminismo*, no podía llegar a imaginar las alegrías, oportunidades y ventanas que me abriría plasmar en negro sobre blanco mis reflexiones, vivencias investigaciones y anhelos sobre los hombres y la masculinidad, en pleno apogeo de la revolución feminista. Ni tampoco la enorme cantidad de mujeres a las que les serviría mi humilde trabajo, para conocer mejor a los hombres, comprender mejor la experiencia de la masculinidad, y contribuir así a sanar heridas y renovar pactos de convivencia en clave de paz. Pero me sorprendió más aún la gran cantidad de hombres a los que contribuiría a acompañar en su proceso de liberación y crecimiento personal. Ahora le toca el turno a Francisco y a *Círculos de hombres* tomar el relevo y sumar; que germinen con fuerza y dulzura sus sueños y desvelos, transformados esta fértil y hermosa criatura con forma de libro.

Con tu mirada, querido lector, querida lectora, el trabajo y la sabiduría que nos regala Francisco empiezan a alzar el vuelo y a sembrar de esperanza los cuerpos, los corazones y los pálpitos de los hombres.

¡Felicidades, amigo! Os deseo un venturoso y fértil viaje para este libro, que ya es de todos y de todas.

Porque los hombres también tenemos derecho a ser libres y felices.

En Vitoria-Gasteiz, a 9 de abril de 2021.

**Ritxar Bacete González**

## PALABRAS PRELIMINARES

Tenía trece años y vestía la camiseta del equipo rojo, con el número siete a la espalda. Quedaban tres minutos para que acabase la final del campeonato de verano y ellos iban perdiendo por un gol. En dos jugadas, puso a los rojos por delante y los convirtió de nuevo en campeones. Por su lado, él ganó el trofeo de máximo goleador por cuarto año consecutivo.

Cuando le entregaron las copas, miró a su padre, que era el entrenador del equipo. Todo el esfuerzo para ganar consistía, en realidad, en la búsqueda de su aprobación. Lo único que le importaba era que su papá se sintiera orgulloso y que le dijera que él era el mejor.

Ese niño fui yo y esos hechos ocurrieron en el verano del noventa y seis. Probablemente, por esa época, se empezó a escribir la historia que daría lugar a este libro.

O quizá fue mucho más atrás.

Puede que este libro se empezara a escribir en el año 1941, cuando mi abuelo Ramón Fortuño fue voluntario de la división azul para luchar en Rusia. Lo habían metido varias veces en la cárcel durante la guerra civil española, y cuando esta acabó, decidió irse a la lucha. Nunca entró en combate. Después de viajar en tren hasta Alemania, caminó con el batallón hacia Rusia. En el trayecto se lesionó y tuvo que volver.

Mi padre me enseñó cómo tenía que ser un hombre, lo bueno y lo malo. Me dijo que los niños no lloran, no tienen miedo, son fuertes, que tienen que luchar por ser siempre los mejores y, sobre todo, que no son como las niñas.

Su padre, don Ramón Fortuño, que antes de los treinta ya había vivido dos guerras, le enseñó lo mismo a él.

Mi madre me dijo que no tenía por qué ser como mi padre, sino que podía ser más sensible, cuidar de las mujeres, portarme bien y hacer caso.

Yo era un niño bastante sensible. Pero eso no importó. Tuve que aprender a «hacerme un hombre», ver pelis de Fredy Krueger sin pestañear, fumar en el descanso del instituto, ligarme a cuantas más mujeres mejor, beber hasta la última gota del vaso... De eso se trataba hacerse un hombre en los noventa, en España, o así lo entendí yo.

Siempre me llevé bien con los otros chicos, tenía buenos amigos, especialmente entre los que les gustaba el fútbol. Sin embargo, llevaba la coraza puesta: no podía reconocer que me gustaba la música de Laura Pausini o de Alejandro Sanz, que a veces escribía poesía, que en realidad me daba miedo pelear o que no era tan duro por dentro y que, a veces, tenía ganas de llorar, aunque nunca lo hiciera en presencia de otros.

Quizá esa coraza se la puso mi padre antes, o mi abuelo cuando viajaba hacia Leningrado, o incluso quizá viene de más generaciones atrás. No sé de dónde proviene, pero sí sé que yo la he llevado puesta toda mi vida y que llevo años quitándola pedazo a pedazo, con cada taller, cada terapia, cada Círculo.

Este libro trata sobre quitar esa armadura, ser auténtico, romper con los patrones heredados y de construir una masculinidad que no destroce el mundo y que no se lleve por delante la vida de millones de jóvenes o adultos, por mostrar que son «hombres», o la vida de infinidad de mujeres, muertas por la incapacidad de los varones de gestionar sus emociones.

Este libro va de recuperar la hermandad, de poder mostrarte tal y como eres, con tus luces y tus sombras, sin ser juzgado, sin ser humillado por ser más femenino o más masculino, por ser gay o hetero, por tener bigote o no, por ser calvo o peludo, por ser alto o bajo, gordo o flaco, sensible o duro.

Este libro nace de la gratitud profunda a todos los hombres de mi linaje, empezando por mi padre Paco, a su padre Ramón, a mi abuelo materno Mariano, y a mis tíos Manolo, Nacho, Mariano y Luis Miguel. Cada uno me enseñó algo diferente. Y también a los profesores, maestros o entrenadores que tuvieron algún impacto en mi educación.

Este libro es un homenaje a todos los hombres que han compartido conmigo algún Círculo, taller, retiro presencial o curso *online*; a todos los que están haciendo su trabajo de mirarse hacia dentro, de querer sanar esas heridas para no repetir patrones tóxicos.

A todos los hombres que han formado alguna vez un Círculo, que han tenido el valor de convocarlo, que han tenido el coraje de arriesgarse a pesar de las críticas, las burlas o el cachondeo.

A los Facilitadores de Círculos de Hombres Evolucionantes, esos motivados que han decidido creer en mí y en la comunidad, y que han dedicado su tiempo, esfuerzo y energía en formarse para ponerse al servicio de otros y hacer que este movimiento llegue a muchos hombres en todo el mundo.

**Todos están invitados a este Círculo que abrimos ahora.**

Una de mis mayores inspiraciones para hacer este trabajo han sido siempre las mujeres, para honrarlas, porque hay algo que todos tenemos en común: en algún momento estuvimos en el vientre de nuestra madre.

Gratitud profunda a mi madre Mayte, quien me dio la vida y me enseñó el servicio por los demás y cómo dar amor infinito.

A mi hermana Sandra, que siempre me ha acompañado y me ha regalado dos sobrinas preciosas.

A mi mujer Diana Núñez, que me apoya e inspira cada día, y es lo constante en un mundo de incertidumbre.

A mi mejor amiga María, que estuvo siempre en los momentos difíciles. Al resto de mis amigos, que me han acompañado, apoyado y respetado siempre en lo que sea que decido hacer.

A mis primas y a todas y cada una de las mujeres con las que he compartido intimidad y amor, y todas aquellas que, desde que comencé con **Hombres Evolucionantes,** han apoyado este movimiento. A todas las que han comentado o sugerido a sus hombres que vinieran a mis talleres o se apuntaran a los cursos *online*, ¡gracias de todo corazón!

Este trabajo lo hacemos también por vosotras, que sois nuestra inspiración profunda y porque queremos daros lo mejor que tenemos dentro.

Un hombre que entra en el Círculo, que muestra sus heridas, que se mantiene presente cuando el resto desnuda sus secretos, que hace su trabajo para mostrar su mejor versión, es un hombre más consciente y amoroso, pero también más íntegro y poderoso: un Hombre Evolucionante.

## INTRODUCCIÓN

*Every man has his secret sorrows which the world knows not; and often times we call a man cold when he is only sad.*

*(Todo hombre tiene sus dolores secretos que el mundo desconoce. Con frecuencia decimos que un hombre es frío cuando solamente está triste).*

Henry Wadsworth Longfellow

### 1. La necesidad de este libro

Era la primera vez que estaba en un Círculo. Fue durante un taller de tantra en la isla de Koh Phangan, en Tailandia.

Cuarenta y cinco hombres de diferentes países, edades, culturas, razas... Me sentía profundamente incómodo. Después de tres días de compartir con hombres y mujeres, nos separábamos para pasar otros tres días solo entre varones.

Hago la advertencia que tengo el permiso expreso de compartir todos los testimonios que aquí aparecen, para no romper el principio de **confidencialidad** del Círculo.

En ese Círculo, un hombre se levantó y compartió que solo tenía un testículo y que tal condición le hacía sentirse menos hombre. Mi incomodidad iba *in crescendo*; no me podía creer que ese chico se atreviera a compartir eso en un espacio así.

Juzgaba a uno, me sentía superior al otro, el siguiente me producía un profundo rechazo... Durante esos días me di cuenta de muchas cosas; sobre todo, que en ese terreno había mucho por indagar y por sanar.

## Tocaba profundizar en mi masculinidad y en mi experiencia vital como hombre.

En ese mismo evento, en medio de todos los varones, me comprometí a hacer un taller como ese, con mis amigos, a la vuelta de mi viaje por Asia. Así fue mi comienzo en el trabajo con hombres, lo que en inglés llaman *Men´s Work*.

Esto ocurrió en enero de 2015. Durante los siguientes años, supe que hay un gran número de hombres con un sentimiento similar al mío y de que existían pocos espacios para trabajar una masculinidad sana, madura y empoderada. En aquel entonces, en lengua española solo encontré un proyecto inspirador, *Hombres que despiertan*, liderado, curiosamente, por una mujer, mi amiga Laura Moreno. Suerte que en inglés abundaban y yo domino ese idioma.

Siempre he tenido buenas relaciones con los hombres; me gusta el fútbol y eso ayuda bastante. Sin embargo, algo de mí sentía que esas relaciones eran superficiales, basadas en la diversión, las risas y el *bullying* de unos a otros. Cuando había algo relevante de verdad, yo elegía siempre a una mujer: mi amiga María.

Sentía la llamada interior de construir relaciones más profundas con otros hombres, especialmente en ese momento en el que me adentraba en el viaje espiritual. Por entonces, llevaba unos años inspirado por el autoconocimiento y el desarrollo personal.

Hay muchas otras razones que te iré desvelando en este libro, pero estas son las más importantes, las que me llevaron a facilitar cientos de Círculos durante los siguientes años y a hacer del trabajo con hombres mi propósito y modo de vida.

El 2017 tuve la idea de escribir un libro, una guía que ayudara a cualquier hombre en la, a veces, titánica tarea de crear un grupo de apoyo entre varones y hacerlo funcionar.

No obstante, en la primera oportunidad en la que empecé a escribirlo, me quedé bloqueado.

Un día, practicando yoga, me llegó un mensaje: «Es un curso *online*, no un libro», dijo la voz de mi conciencia. Escuché esas palabras y durante los siguientes meses lancé la primera edición de la **Formación para Facilitadores de Círculos de Hombres Evolucionantes (CHE)**, a la que se unieron dieciséis valientes. Juntos desarrollamos un contenido espectacular. En 2020, pasamos los cien hombres formados. Ahora, con mucha más experiencia acumulada, ha llegado el momento de darle luz a este manual.

Por tanto, puedo decir que este libro cubre un vacío. Mi intención es que cualquier hombre con deseos de participar o formar un Círculo consiga la inspiración y los recursos necesarios para conseguirlo y disfrutar del proceso.

Y ahora contaré con qué propósito escribo este libro.

## 2. El propósito de este libro

Estamos muy acostumbrados a ver en los medios muchos indicios de que esta sociedad es un espacio difícil para las mujeres: casos de abusos, violación o discriminaciones de muchos tipos… Sin embargo, ¿has escuchado alguna vez datos que indiquen que los hombres lo pasan mal en esta sociedad?

La mayoría de las personas no saben a qué me refiero con esto. Desde los medios se nos cuenta que en esta sociedad patriarcal todo es muy fácil para los hombres y muy complicado para las mujeres por cuestión de género.

Pero, ¿es esto cierto? Hay muchos datos objetivos que nos indican que quizá esto no es tan certero como pensamos o, como mínimo, que se trata de una mirada muy parcial e incompleta de la foto general de lo que está ocurriendo.

Datos como los de esperanza de vida media, índice de suicidios, abandono escolar, agresores y agredidos en casos de violencia, número de personas en la cárcel o en la indigencia, adictos a la mayoría de las drogas, al porno, al juego o a la prostitución nos indican que hay diversos factores que afectan de manera apabullante a los hombres. En el siguiente capítulo veremos más datos al respecto.

Nunca nos hablan de Alexander, el panadero de Medellín que se despierta todos los días a las tres de la mañana para hacer el pan. O de Jaidev, el conductor de un Rickshaw que pedalea más de dieciséis horas a diario para poder pagar la dote y casar a sus hijas. O de Mamadou, de Senegal, que vende pareos en las playas de Valencia durante los veranos para mandar algo de dinero a su numerosa familia que le espera en África. O de Jon, quien desde que volvió de la guerra de Afganistán no se puede separar del alcohol por el dolor de lo que allí vivió. O incluso de José Ramón, el empresario adicto a la cocaína que busca la aprobación de su mujer y sus hijos comprándoles cosas, pero nunca pasa tiempo con ellos porque cree que debe trabajar para ganarse su amor.

Desde mi punto de vista, estos síntomas o ejemplos indican que los hombres no están tan cómodos como podría parecer en esta sociedad, que quizá la vida no es tan fácil para el hombre medio como nos han hecho creer, o que en esta transición que estamos viviendo como sociedad, los hombres no sabemos aún qué lugar tenemos que ocupar.

Lejos de querer victimizar a los hombres y de contribuir al «triángulo dramático de Karpman» (ver glosario), en el que siempre hay tres roles (víctima, perseguidor y salvador), se me hace necesario dar una visión más amplia, pues estoy seguro de que dando visibilidad a algunos de estos problemas encontraremos una solución y dejaremos de buscar víctimas o culpables.

Cada hombre, al igual que cada mujer, es fruto de su genética, de su árbol genealógico, de los aprendizajes que recibió de su padre y madre (o quien fuera que ocupara ese rol), de los medios de comunicación, la cultura, la religión, el karma, y seguro que muchos agentes externos más. Lo importante es saber que quizá tengamos unos aprendizajes e incluso una genética, pero que todo eso lo podemos cambiar.

**Está en nuestras manos evolucionar, y ese es nuestro deber como hombres en la actualidad.**

Recuperar algunos valores de lo «masculino sagrado» que se han quedado olvidados, tales como la presencia, la consciencia, la integridad y honestidad, la fuerza de voluntad o la palabra en la que puedes confiar.

Debemos abandonar algunos de los comportamientos que tienen que ver con la masculinidad tóxica o, como a mí me gusta llamarlo, «masculinidad inmadura o inconsciente»: la agresividad que se convierte en violencia (especialmente contra la mujer), la incapacidad para conectar con las emociones, la arrogancia de pensar que debo saberlo todo, el egoísmo, la incapacidad para pedir ayuda y otras actitudes similares.

Pero todo esto sin caer en la culpa o la vergüenza por ser hombre, actitud que he visto en muchos a lo largo de los años y que incluso yo he cargado largo tiempo.

En este camino debemos también reconectar con esa parte femenina madura y consciente, como es la intuición, la relación cercana con las emociones que nos guían, la vulnerabilidad, la ternura para poder cuidarnos a nosotros y al resto, y la capacidad para abrir el corazón, escuchar y mostrarnos vulnerables entre otras cosas.

Como magistralmente describe Ritxar Bacete, en su libro *Nuevos Hombres Buenos*: «Nuestros nuevos hombres son los que dialogan y se transforman con los valores de la Nueva Era, aquellos que escuchan a las mujeres, cuidan a las demás personas y renuncian a la violencia como forma de regular los conflictos de manera consciente. Como fenómeno social, las resistencias del posmachismo son perfectamente comprensibles, porque parte de hombres vulnerables en cuerpos identitarios construidos desde la idea de invulnerabilidad, la infalibilidad y de ser referentes de lo humano y lo divino».

Muchos de los aspectos descritos en los últimos párrafos se pueden poner en práctica durante los Círculos, como si de un laboratorio se tratara, o una escuela en la que, en un espacio seguro, practicamos ciertos patrones. Y así, más adelante, a la hora de la verdad, en un ambiente diferente o quizá más hostil, podamos poner en práctica esas nuevas maneras de comportarnos.

Los **Círculos de Hombres Evolucionantes** son un espacio profundamente sanador e inspirador para los participantes, en el que se huye de la culpabilidad y la flagelación de otros lugares. Aquí buscamos ser más responsables de nuestra existencia. Sin embargo, tenemos muchas excusas para no participar y muchas creencias que nos limitan.

Este libro pretende ser una guía para que cualquier hombre que sienta el llamado obtenga las herramientas necesarias para empezar a facilitar Círculos con otros hombres, y para que cualquiera que sienta la curiosidad se anime de una vez por todas a participar de uno.

Quiero compartir contigo los aprendizajes que he obtenido gracias a todos los espacios donde he facilitado. Desde 2015, he dedicado toda mi energía en crear una comunidad; no solo Círculos, también talleres, retiros, congresos virtuales, festivales, cursos *online*, formaciones, etc. Además, contamos también con la experiencia de decenas de hombres que se han formado como Facilitadores y algunos de los cuales llevan generando estos espacios de manera constante desde 2018, como Manuel, Nacho, Paco, Alfonso, Diego, Antonio, Gabriel, Senén, Oskar, Fran, Miguel, Jhan, Gustavo y muchos más.

A lo largo del libro podrás leer también testimonios y experiencias de participantes y Facilitadores de Círculos de Hombres Evolucionantes.

El objetivo es ponértelo más fácil. Hace falta mucho compromiso y fuerza de voluntad para sacar un Círculo adelante y que perdure en el tiempo. Por eso, la intención de este libro es apoyarte para que puedas concentrarte en las cosas más importantes y conseguir que tu grupo sea un éxito.

Y si dudas en participar o no en un Círculo, confío en que el presente texto te dé el último empujón para dar un paso que puede cambiar tu vida como hombre para siempre.

### 3. ¿Para quién es este libro?

Este libro está pensado para dos tipos de hombres:

a) El primero es un hombre interesado en los Círculos.

Quizá nunca has participado de alguno, mixto o de hombres, pero tienes curiosidad por saber si esto es para ti. Puede que hayas oído hablar de los Círculos de mujeres o que tu pareja acuda a uno.

Si no pretendes facilitar, pero sigues interesado, este libro también te servirá, porque en él vas a conocer muchos detalles sobre los Círculos y su poder sanador e inspirador.

Puede que incluso, de manera mágica, cuando vayas acercándote al final del libro, te vayan dando ganas de facilitar tu propio espacio o, como mínimo, de unirte a uno.

Además, te compartiré en este texto más recursos y opciones para que puedas profundizar en el maravilloso mundo de los Círculos de Hombres.

También quiero invitarte a participar de manera gratuita en alguno de los **Círculos Evolucionantes Online** que ofrecemos de manera frecuente a través de la plataforma *online*.

En el siguiente enlace podrás encontrar más información y recursos disponibles solo para los lectores de este libro. Sería genial que puedas experimentar lo que vas a leer en las siguientes páginas.

Podrás descargar de manera gratuita la guía de apoyo al libro, para realizar los ejercicios y sacarle todo el jugo a este manuscrito.

```
http://hombresevolucionantes.com/lector-che
```

b) El segundo tipo de hombre está inspirado y siente el llamado de facilitar espacios con otros hombres.

Quizá tú, como otros y yo hace tiempo, has detectado que hay algo que sanar con lo masculino en tu vida y quieres exponerte de esta manera. Quizá tienes un sentimiento de liderazgo que crece dentro de ti y quieres apoyar a este despertar masculino que está surgiendo, poco a poco, pero sin vuelta atrás.

Quizá te resulta complicado imaginar que lideras un Círculo, te produce incomodidad solo pensar en ponerte en el ojo del huracán, pero hay algo dentro de ti que te empuja a hacerlo. Quizá añoras tener intimidad con otros hombres, poder expresarte de manera abierta y no encuentras espacios en los que poder hacerlo.

Puede que sientas una herida con lo masculino, porque tu padre no estuvo presente, o sí estaba, pero no de la manera en la que tú necesitabas. Quieres compartir tiempo con hombres que te inspiren, sin competir, para aprender, abrir el alma y reconectar con tus emociones y tu corazón.

Quizá eres *coach*, psicólogo o terapeuta, y quieres servir a más hombres o enfocarte en el trabajo con ellos.

Si resuenas con alguna de estas ideas, este libro es sin duda para ti.

Por último, si eres mujer, te doy las gracias también. Por supuesto que puedes leer este libro, y si deseas apoyarnos con esta propuesta, estaremos felices de que regales o hables de este libro a cualquier hombre que pueda estar interesado.

## 4. ¿Por qué escribo este libro?

La respuesta corta sería: porque alguien tenía que hacerlo. Si buscas bibliografía sobre los Círculos de hombres en español, no encontrarás nada, al menos en el momento en el que escribo estas líneas. En inglés, tienes un par de libros interesantes, pero algunos no están en versión digital, son muy antiguos o no son una verdadera guía. Los he leído todos.

La respuesta larga es la siguiente: siempre he tomado el trabajo con hombres como una misión. Muchas veces me ha resultado incómodo o extenuante, he tenido que luchar contra mis propias creencias que me decían cosas como: «Los hombres no están preparados», «No hay interés», «Estás perdiendo el tiempo», «No se lo merecen». Pero algo dentro de mí siempre ha tenido la claridad de que este era mi camino, incluso cuando veía que la respuesta era muy pequeña o cuando organicé un Círculo gratis y no llegó nadie o cuando esos hombres que yo sabía que se podían beneficiar mucho de este trabajo encontraban excusas para no acudir.

Recuerdo cuando volví de Asia después de mi primer viaje por esos lares. Lo primero que hice, después de ocho meses en Turquía, India y el sudeste asiático, fue visitar a la que era mi maestra. Su nombre era Joaquina Fernández, y aunque ya falleció, ella sigue en mi corazón y en mi memoria cada día.

Joaquina, con su tono de sorna me preguntó: «¿Ya sabes cuál es tu propósito?». Durante los tres años anteriores que pasé en Madrid me había formado en su escuela en *coaching* y comunicación, y había aprendido sobre emociones, comunicación no verbal y muchas otras disciplinas. Ella me hacía esa pregunta porque yo le dije, antes de irme, que tenía que partir para buscar mi propósito y encontrarme a mí mismo. Joaquina me aconsejaba que yo podía realizar eso también en Madrid.

Mi respuesta a la pregunta fue: «Quiero trabajar con parejas». Ella me miró con cara de sorpresa y me dijo: «¿Pero tú tienes pareja? ¿Qué es lo que vas a enseñar?».

Con una pregunta tiró abajo mi castillo de naipes. Ahí, en ese momento, me di cuenta de que ese no era mi propósito, al menos en aquel entonces. Yo ya sabía que era el trabajo con hombres, pero me daba miedo o me negaba a aceptarlo.

Ahora puedo ver que me encontraba en ese punto del Viaje del Héroe que, de manera brillante, definió Joseph Campbell, en el que el protagonista no quiere asumir la aventura o la misión. Yo no quería abandonar mi zona de confort, mi estado de equilibrio, el lugar donde me sentía seguro.

Seguí con la duda. Felizmente, el universo se encargó de darme claridad y de enseñarme el camino.

Unos meses más tarde fui a Portland, Oregón, en Estados Unidos, a participar en un evento muy inspirador llamado **World Domination Summit**, acompañado de mi amigo Ángel Alegre, fundador de Vivir al Máximo. Allí ocurrió de nuevo la magia.

En la primera charla me senté al lado de un hombre con rasgos indios. Le pregunté a qué se dedicaba: «Men´s coach», contestó él. Esa respuesta me llenó de sorpresa. ¿*Coach* de hombres? ¿Alguien podría ganarse la vida con eso? Parece que en Estados Unidos todo es posible.

En el siguiente taller al que acudí me senté cerca de un hombre de rasgos asiáticos; me dijo que se llamaba Michael Hrostoski. Cuando le pregunté a qué se dedicaba, me dijo que era Men´s coach y que tenía algo llamado School for Men. Parecía que esa era la profesión de moda o que el universo me estaba queriendo decir algo. Más tarde me formé con Michael de manera *online* y me sirvió de inspiración para imaginar una comunidad de hombres en español que después pude manifestar.

Otros hombres aparecieron en mi camino como inspiración: Raffaello Manacorda, Amitayus, Alfonso Colodrón, Arne Rubenstein y muchos más interesados en el trabajo con hombres.

Comencé una investigación profunda de este campo y la conclusión fue que, en lengua española, prácticamente no existía casi nada. Lo único que se podía encontrar era contenidos relacionados con la seducción —que no era un tema que me inspirara tanto— y con el trabajo de género, que en aquel momento me pareció muy politizado y no enfocado en el crecimiento personal, sino en la lucha de unas contra otros.

Una parte de mí quiso tirar la toalla antes de comenzar, pero había otra parte a la que todo esto le desafiaba: el hecho de ser un pionero y de abrir camino es, sin duda, una motivación grande para mí. Como decimos en España, «¡me pone!».

Desde 2015 hasta 2018 facilité más de cien Círculos en la isla de Koh Phangan, Tailandia, acompañado por hombres que, en su mayoría, tenían más experiencia, más recorrido que yo en el camino del desarrollo personal y la espiritualidad. Además, participé como estudiante en todos los talleres que encontré sobre este tema en Tailandia, España, Irlanda, Suecia o Dinamarca.

Desde el principio sentí la necesidad y las ganas de compartir estos aprendizajes. Han habido muchos eventos desde ese primer taller que llevé a cabo con cuatro amigos que no encontraron una excusa para decirme que no, pasando por el primer taller de pago en un sótano de un restaurante vegano de Madrid, hasta los retiros de Escuela de Héroes, por el que han participado más de cien varones en los últimos años, y Evolu100hombres, el mayor festival para hombres que hemos conocido en España, en el que concurrieron cuarenta y siete participantes en octubre de 2018.

He facilitado Círculos, talleres o retiros, en Tailandia, Colombia, Suecia, Dinamarca, México, Estados Unidos y, por supuesto, en España.

Miles de hombres forman parte ahora de la comunidad *online*, más de cien (en diciembre de 2020) son ya **Facilitadores CHE**, permitiendo que este trabajo se multiplique y siga trayendo sanación a más y más hombres en el mundo.

Yo sigo cumpliendo mi misión de crear estos espacios y de formar a otros para que lo hagan. Juntos podemos servir de inspiración, para que muchos hombres puedan vivir un espacio de sanación, de apoyo, de crecimiento e inspiración con otros hombres.

Esta misión no estará completa hasta que cada hombre con necesidad o curiosidad encuentre cerca de él un **Círculo de Hombres Evolucionantes**.

Si quieres formar parte de este sueño y compartir esta misión, te invito a que sigas adelante y consigas todo lo que necesitas para poder formar tu propio grupo.

En este libro vas a encontrar testimonios de participantes y Facilitadores de Círculos Evolucionantes que te servirán de inspiración y con los que seguro vas a resonar mucho.

**Hermano, te honro por estar aquí y te agradezco por tener el valor de querer formar parte de este Círculo.**

**¡Bienvenido!**

Te pido de todo corazón que recuerdes que este es mi primer libro. Seguro que hay errores, o podría estar escrito mucho mejor, pero como bien dicen, más vale hecho que perfecto.

Desde niño he sido un lector voraz: con los cómics de *Super Humor*, de Francisco Ibáñez, pasando por las novelas de Julio Verne y de muchos maestros de la literatura universal como Gabriel García Márquez, Eduardo Galeano, Arturo Pérez Reverte, Juan Antonio Cebrián, Hermann Hesse... Más tarde, conecté con los géneros de no ficción, leyendo a autores como Edkhar Tolle, Deepak Chopraw, Robin Sharma, Tonny Robins. Y más recientemente, he leído autores de libros relacionados con la masculinidad como David Deida, Robert Moore, Sam Keen, Ritxar Bacete, Arne Rubenstein, Jordan B. Peterson, Clay Boykin.

Con todo mi respeto y admiración, gracias por haberme inspirado a escribir este libro

## 5. ¿Qué vas a encontrar en este libro?

En el capítulo uno, comenzaremos entendiendo qué es un Círculo. También, veremos un poco de su historia, qué valores tienen y los acuerdos básicos que nos ayudan a facilitarlos. Durante todo el libro, especialmente en la primera parte, tendrás varios ejercicios de indagación para que hagas a tu ritmo. Te invito a conseguirte un cuaderno o a usar la guía del libro (podrás descargarla desde el enlace que tendrás más adelante) para responderla. De esta manera, obtendrás mucho más valor de este libro.

En muchos momentos, con el objetivo de mostrar ejemplo e inspiración, compartiré algunas experiencias personales, o de otros facilitadores, para enfatizar algunos puntos que iremos viendo.

En el capítulo dos y tres veremos el porqué de los Círculo, y las razones para comenzar. Descubriremos las diferencias entre el porqué y el para qué; seguro te sorprende.

En el capítulo tres también descubrirás los beneficios para los asistentes y para los facilitadores y una lista de recomendaciones para los participantes, (si nunca has participado en un Círculo, esta lista te ayudará mucho). Podrás descubrir cómo los Círculos ya están cambiando el mundo.

En cada capítulo tendrás uno o varios testimonios de facilitadores o participantes que nos contarán qué les sorprendió o qué descubrieron en sus primeros círculos.

En la segunda parte del libro nos centraremos en cómo crear un Círculo.

En el capítulo cuatro veremos qué decisiones hay que tomar antes de crearlo, cómo encontrar a los hombres y todo lo que necesitas antes de empezar.

En el quinto capítulo seguiremos con todo lo que ocurre durante los Círculos. Tendrás la estructura que usamos, una meditación para comenzar, las diferentes rondas e información sobre el papel del facilitador, así como sus valores.

Veremos qué hacer al abrir el Círculo, qué valores lo sostienen, qué compromisos podemos adquirir para convertirlo en un lugar seguro para que los participantes se puedan abrir, y algunas herramientas para manejar el Círculo con facilidad. Acabaremos este capítulo con los temas recurrentes de los Círculos.

En el sexto capítulo compartiré contigo algunas de las dinámicas más exitosas para usar en un Círculo, que he ido recopilando durante los últimos años de mi exploración.

El capítulo siete nos servirá para cerrar el círculo y conocer algunas dificultades que podemos encontrar y cómo solventarlas.

Terminaremos este manual con un llamamiento y, como en un buen Círculo, con una conclusión y gratitud.

Al final de todo tendrás comentarios de autores, un glosario y la bibliografía de las fuentes de este libro.

## 6. ¿Cómo utilizar este libro?

Este libro está hecho en esencia para inspirarte a participar de un Círculo, y si así lo deseas, darte las herramientas que necesitas para facilitar tu propio espacio seguro para hombres. Si quieres sacarle el máximo jugo, te recomiendo tener un diario o cuaderno en el que poder llevar a cabo los ejercicios de reflexión personal que se van a ir compartiendo en estas páginas y descargar la guía de apoyo. No te creas nada de lo que leas en este libro, no des nada por hecho, nada es una verdad absoluta; lo que te resuene llévalo a cabo y experimenta cómo le afecta a tu vida o a tu Círculo.

Quédate con lo que te sirva y deja ir lo que no te aporte valor. Si ya has participado o incluso facilitado Círculos, te invito a leer esto con la mentalidad del eterno aprendiz. En una taza llena no puede entrar más agua fresca. Así que «vacía tu taza» y te llevarás cosas que te servirán de mucho. Seguro que hay más posibilidades, pues hay tantos Círculos como personas. Esta es nuestra propuesta y te la entregamos con todo el amor y la humildad que podemos.

Antes de seguir, te quiero pedir un favor. Este libro sale de lo más profundo de mi corazón y está hecho con todo el trabajo y la ilusión de un primerizo en este precioso arte de la escritura. Si te gusta lo que lees, si te inspira y crees que tiene sentido que este mensaje sea más conocido en el mundo, por favor, **comparte**.

Puedes postear en tus redes sociales y etiquetar en Instagram a:

**@ffranciscoach**          **@evolucionantes**

Exprésate y di qué te parece lo que estás leyendo. Yo estaré feliz de leerte y repostear lo que compartas. Me hará mucha ilusión saber que alguien, en algún lugar del mundo, está leyendo las palabras que escribí.

Para seguir evolucionando en tu crecimiento personal es fundamental que consigas unirte a un grupo de hombres que te entiendan, te apoyen y te empoderen para poder seguir tu camino.

# 1. ¿QUÉ ES UN CÍRCULO DE HOMBRES EVOLUCIONANTES?

*Somos una generación de hombres criados por mujeres; me pregunto si otra mujer es realmente la respuesta que necesitamos.*

Tyler Durden (Brad Pitt), *The Fight Club*.

## 1.1. Historia de los Círculos

Este no es un libro de la historia de los Círculos; sin embargo, creo que puede resultar interesante compartir contigo algunos apuntes históricos sobre su origen y su uso en algunas culturas ancestrales.

Hay evidencias de rituales espirituales que ocurrían desde hace 300.000 años en las sociedades del Paleolítico Medio, aunque se sabe poco sobre la complejidad de estas reuniones. Se encontraron pruebas reales de que las comunidades se reunían para la experiencia espiritual y chamánica en las sociedades del Paleolítico Superior, hace más de 30.000 años, mucho antes de la humanidad moderna.

Aunque no existe una historia escrita, hay pruebas de arte ritual, pintura y otras reliquias ceremoniales religiosas, incluyendo las primeras representaciones femeninas veneradas. Esto nos indica que los seres humanos se han estado reuniendo en un Círculo con propósito durante mucho tiempo, y que la representación central de la divinidad era femenina.

Las mujeres participaban en Círculos alrededor del fuego para el ritual, y hacían lo mismo al preparar la comida para las familias y la comunidad. Durante estos tiempos, compartieron historias y experiencias tribales.

Imagino a los hombres de aquella época, cuando salían a cazar y tenían que hacer noche en cualquier lugar, sentados en Círculo alrededor del fuego que les protegía y daba calor, compartiendo sobre cómo había ido la jornada y poniendo la intención para encontrar algo con lo que poder volver a casa al día siguiente. Quizá por eso el fuego sigue teniendo ese poder hipnótico, porque fue el primer televisor de la historia.

Trágicamente, desde el comienzo de la ideología patriarcal, y las influencias religiosas relacionadas, la situación comenzó a cambiar, aproximadamente entre 6.000 a 4.000 años atrás. Esto fue acompañado por un énfasis en el aumento del desarrollo cognitivo, lo que resultó en un pensamiento y comportamiento más lineal. La anterior reunión en Círculo fue reemplazada por una reunión en línea.

De esta manera, tanto hombres como mujeres se convirtieron en receptores pasivos de información e instrucción de personas en posiciones de liderazgo: un maestro, un profesor, un líder político o religioso.

¿Has pensado alguna vez por qué el aula de una escuela tradicional está dispuesta de esa manera, con un profesor al frente y los alumnos escuchando?

Así, la comunidad y el igualitarismo fueron reemplazados por el patriarcado y su consiguiente división. Independientemente de ello, la metáfora dominante se hizo más lineal en el sentido de que el modelo patriarcal dominado por los hombres se apartó del Círculo y, por lo tanto, de la conexión auténtica.

Muchos grupos indígenas todavía se reúnen en Círculos, por ejemplo, los indios yanakuna[1].

El Círculo de palabra es una tradición milenaria utilizada por los muiscas, pueblo indígena del altiplano cundiboyacense de Colombia. Este ritual se destaca por el respeto a la Madre Tierra, la relación con los astros y la unión de la creación, donde la espiritualidad y el concepto de humanidad prevalecen sobre los conceptos individuales. Esta sabiduría ancestral concibe el territorio como un lugar sagrado donde interactúan la naturaleza y los animales en un sentido profundamente integrador. Todo está unido en el universo, conjuntamente con los seres de la Tierra, y donde tienen gran importancia las plantas sagradas, la relación directa de la Pacha Mama. En estos Círculos, que todavía a día de hoy se reúnen en un *maloka*, se utilizan medicinas ancestrales como el ambil (medicina a base de tabaco) y el mambe (harina de coca), para endulzar la palabra y abrir el corazón[2].

También, los nativos americanos de las tribus del norte se reúnen en Círculo. O en el continente africano, con la tribu Maasai de Kenia. Estos grupos se reúnen regularmente en Círculo para confirmar la identidad de la comunidad mediante el ritual, la narración de historias, la danza y la música. En la antigüedad, tanto los hombres como las mujeres compartían historias alrededor del fuego y, de hecho, todavía lo hacen en las tribus indígenas. Estas reuniones proporcionan significado y dirección en la vida.

---

[1] Dejo aquí dos enlaces para ampliar información al respecto:

www.researchgate.net/publication/328436337_El_Círculo_de_la_palabra_tecnologia _ancestral_e_intercultural_en_la_comunidad_Yanakuna_-Popayan_Cauca

https://chamanismoparatodos.com/2015/06/02/Círculo-de-la-palabra-tradicion-ancestral/

[2] Fuentes:
https://es.wikipedia.org/wiki/Maloca_(lugar)
https://es.wikipedia.org/wiki/Mambe https://es.wikipedia.org/wiki/Ambil_(tabaco)

La reunión en Círculo es un elemento vital en la vida humana, y un número cada vez mayor de mujeres está descubriendo su potencial para la sanación, dar sentido y enriquecer a las comunicaciones. También, los hombres más recientemente están comprobando los beneficios de formar parte de un grupo.

En los años ochenta, el movimiento feminista comenzó con la idea de que reunirse en Círculo era una forma femenina de compartir historias y promover una comunicación más saludable.

Aunque los indígenas siempre han mantenido el Círculo comunitario, este es un nuevo movimiento para las mujeres modernas. Incluso las escuelas alternativas y varios lugares de reunión han movido los escritorios y las sillas, de modo que los participantes se miran unos a otros en lugar de la acción más lineal de mirar la parte posterior de la cabeza de alguien.

Los hombres, en las últimas décadas, comenzaron a usar este formato, especialmente en Estados Unidos con el movimiento del Men´s work que existe desde hace décadas, pero que caló muy poquito en los países de habla hispana, quizá debido a una sociedad más machista que permitía menos a los hombres expresarse desde la vulnerabilidad y compartir emociones.

En 2014, cuando comencé a participar y facilitar mis primeros Círculos, no existía en España ningún grupo, al menos que yo encontrara en mi investigación, que estuviera ofreciendo Círculos en gran escala. Sí han existido pequeños Círculos cerrados de hombres que utilizaban esta práctica durante años. Alfonso Colodrón, Emilio Fiel o Adro Martí son hombres veteranos que trajeron este trabajo a España desde hace años.

Con este libro quiero honrar a cualquier hombre que haya tenido en el pasado un Círculo de Hombres, ya sea como participante o como líder. De alguna manera, su trabajo también tiene un espacio en esta publicación y ha servido de inspiración.

Durante muchos miles de años, mujeres y hombres pasábamos el tiempo con los de nuestro mismo género, y nos reuníamos en espacios mixtos para la celebración o para actividades prácticas, como la cópula, con el objetivo de procrear.

En los últimos cuarenta años, sin embargo, la mayoría de los espacios sociales son mixtos, incluso espacios tan cerrados hace años como un estadio de fútbol son ahora frecuentados por muchas mujeres. De igual manera, espacios que tradicionalmente fueron más limitados a las mujeres pueden ser ahora también visitados por hombres. Este hecho tiene aspectos muy positivos; cada uno puede expresar su totalidad de una manera más rica y auténtica, pero he comprobado que los espacios segregados aportan valor para personas con un interés en el crecimiento personal o espiritual. Estar separados en espacios de consciencia nos permite sanar las heridas con nuestros pares y prepararnos para recibir al otro sexo con más amor, apertura y compasión.

Por alguna razón biológica, la actitud de los hombres cuando hay una mujer cerca cambia.

Recuerdo una experiencia en el año 2017. Estaba dictando un taller de sexualidad sagrada en la ciudad de Bogotá. Llevábamos ya cuatro horas compartiendo experiencias y prácticas para aprender a gestionar mejor nuestra energía sexual. El grupo ya estaba tranquilo y abierto (después de las dinámicas expresas para abrirlo, que más adelante compartiré contigo). De repente, una mujer apareció en la sala y cruzó el Círculo para ir a su despacho, situado al otro lado de la habitación. Yo, que estaba sentado de frente y pude ver a la mujer el primero, me di cuenta de algo que me impactó mucho. Conforme los hombres se iban percatando de esta presencia femenina, su posición corporal iba cambiando de una relajada a una más hinchada, como sacando pecho, alerta. Para mí, fue como ver un documental de animales de la BBC: el macho humano se hinchaba para mostrar su poder personal frente a la hembra; hasta varios compañeros gais hicieron el mismo gesto, increíble.

Esta experiencia me hizo comprobar que hay algo interno conectado con nuestro cerebro reptiliano que nos hace actuar diferente en presencia de alguna mujer.

Es un hecho que existen grandes diferencias biológicas entre hombres y mujeres. La psiquiatra Louann Brizendine, en su libro *El cerebro masculino*, que es la secuela del anterior, *El cerebro femenino*, nos dice: «El cerebro masculino es una máquina de resolución de problemas muy eficaz. Los estudios de la neurociencia más reciente, junto con la labor que he desarrollado con mis pacientes masculinos, me han convencido de que las hormonas y estructuras cerebrales exclusivas de los varones crean, en todas las fases de su vida, una realidad masculina esencialmente distinta de la femenina, que también suele ser objeto de errores conceptuales y excesivas simplificaciones. Los cerebros masculino y femenino difieren desde el momento de la concepción». En este libro hay infinidad de estudios que demuestran algunas diferencias de base en la manera en la que estamos configurados desde la infancia. Luego hay muchos otros estímulos externos (familia, cultura, sociedad…) que nos dirigen hacia unas actitudes diferentes a hombres y a mujeres.

## El Círculo es mágico; es una figura geométrica maravillosa.

Si un grupo de personas se sienta de manera circular (no importa si son cuatro o cien), podrán, si el Círculo está bien hecho, mirarse todos a la cara.

En el Círculo no hay jerarquías, nadie está por encima de nadie, ninguno puede tampoco esconderse. Quizá estas son algunas de las razones que llevaron a multitud de culturas ancestrales a sentarse de esta manera para tomar las decisiones importantes para la comunidad.

Hace años, cuando estuve en África por primera vez, pude ver cómo los hombres de un pueblo del norte de Benín, un lugar totalmente apartado del mundo moderno, se reunían en Círculo a la sombra del árbol de mango a discutir y tomar decisiones para el futuro de su pueblo.

En cualquier comunidad se generan roces, malentendidos o discrepancias. Si no hay un espacio en el que poder limar asperezas, conversar y tomar decisiones, los pequeños problemas pueden acabar en guerras o violencia. En muchos de estos Círculos se utilizaba un tótem o un bastón de palabra, para que todos los participantes supieran quién tenía en ese momento el poder; el poder de la palabra.

Cuando nos reunimos en Círculo nos unimos para mantener a todos en un espacio y propósito sagrados. Estamos trayendo una antigua forma de conectar con los tiempos modernos. Nos reunimos para compartir historias, para profundizar en nuestras identidades, individualmente y en grupo. También nos reunimos para sanarnos. Podemos formar un Círculo para compartir nuestra alegría, podemos reunirnos en Círculo para trabajar en proyectos o unirnos en rituales a varios niveles de profundidad y propósito, y podemos reunirnos en Círculo para ayudar a cambiar nuestro mundo.

Su idea es crear un planeta más sano y así facilitar un cambio, ya que nuestras mentes unidas crean una transformación significativa y positiva en el campo de la conciencia humana. Así, nuestra visión y esperanza de un mundo mejor se hará real.

La realidad emergente sería un mundo equilibrado en cuanto a género, un mundo más saludable para la naturaleza y todas las especies, ya que todos estamos relacionados.

Vivimos ahora en una sociedad muy individualista, la mayoría de personas no tiene casi contacto con sus vecinos, la familia es cada vez más un ente difuso, muchos de los contactos sociales se hacen de manera virtual y eso hace que los Círculos sean más importantes que nunca como forma de sentirse parte de algo mayor y conectar profundamente con otras personas.

## 1.2. ¿Qué significa CHE?

**CHE** son las siglas de **Círculo de Hombres Evolucionantes**, un espacio que viene a solucionar la necesidad que tienen muchos hombres, algunos de manera consciente y otros que aún no se han dado cuenta, de pasar tiempo con otros varones en un espacio diferente.

De manera frecuente, cuando los hombres nos reunimos, lo hacemos con el objetivo de olvidarnos de todas las complicaciones de la vida, buscamos encontrar un momento en el que vaciarnos de tensiones y dejar a un lado los conflictos que tenemos.

Por eso, en la mayoría de veces, estos espacios vienen acompañados de distracciones como el fútbol o cualquier otro deporte. Además, también suelen abundar las sustancias para desinhibirse, ya sea alcohol, drogas o cualquier otra cosa.

Casi siempre estamos sentados mirando algo (la televisión, por ejemplo) o haciendo una tarea (pescar o practicar un deporte). Pero poco nos ponemos uno frente al otro.

Muchos hombres, quizá es tu caso, están cansados de estos ambientes en los que se habla de manera superficial, se compite constantemente o unos se meten con otros, como pavos reales que muestran su plumaje.

Somos cada vez más numerosos quienes tenemos la necesidad de compartir espacios con otros hombres; espacios donde llegar a niveles más profundos, en los que poder retirar capas de lo que se supone que tenemos que ser.

Este es un espacio para retomar la responsabilidad personal, no de lo que hacen todos los hombres del mundo o de lo que hicieron tu padre y el resto de tus ancestros, sino de lo que haces tú. Cuáles son esas actitudes, como hombre, que no muestran tu mejor versión: cuando estás tratando mal a una mujer o a otro hombre, cuando caes en juicio, queja o violencia verbal o incluso física. Cuando no eres capaz de gestionar tus emociones y buscas una salida fácil. Esto no es para hacerte sentir culpable, sino para darte las herramientas que te ayuden a responsabilizarte de tu propio cambio personal y, además, lo puedas hacer apoyado por otros en el mismo proceso.

Se trata de apoyarnos a crecer y pasar de la mentalidad egocéntrica del niño a la de servicio de lo masculino maduro.

Sobre la falta de responsabilidad, nos dice Arne Rubinstein, con quien tuve la suerte de estudiar en Dinamarca sobre los rituales de paso y liderazgo masculino consciente, el siguiente texto que he traducido de su libro en inglés: *The Making of Men: Raising boys to be happy, healthy and successful.*

«Cuando un hombre monta un berrinche porque no consigue lo que quiere, mira a su mujer o pareja para que actúe como si fuera su mamá, rechaza tomar responsabilidad por sus acciones o busca culpar a otros, hace *bullying* a aquellos con los que trabaja, rechaza escuchar la opinión de otros, todo el tiempo necesita poder y reconocimiento constante para sentirse bien consigo mismo... Estos son actos de un hombre actuando como un niño. Un niño que ha hecho el paso a psicología de un hombre encontrará que el mundo es un lugar mucho más fácil en el que vivir. La psicología del niño está enfocada en ser el número uno, recibir todo lo que quiere, incluso si no lo necesita, y tenerlo todo en ese mismo momento. La psicología del niño es, con frecuencia, egoísta e ignora la necesidad del otro. La psicología del niño puede ser destructiva y abusiva. Por supuesto, esta psicología es aceptable en niños, los niños se comportan como tal. Pero la psicología de un niño en un hombre adulto no es buena para nadie, incluso cuando en nuestra sociedad algunos aspectos de la psicología de los niños se presentan como algo a lo que aspirar. Tener niños en posiciones de poder es potencialmente desastroso, porque estarán pensando en ellos mismos en lugar de pensar en la comunidad».

Un Círculo de Hombres Evolucionantes es un espacio que garantiza cierta profundidad en la interacción. Nuestro objetivo es que, en unos años, cada hombre que sienta el llamado disponga de un CHE cerca de su casa o pueda participar en uno de manera virtual. No pararemos de trabajar hasta conseguirlo.

¿Quieres unirte a este objetivo de llevarle los CHE a cualquier hombre que lo necesite? Si es así, te invito a que busques los recursos especiales para ti aquí:

http://hombresevolucionantes.com/lector-che

### 1.3. Los valores del CHE

Cuando comencé a estudiar *coaching*, recuerdo que mi maestra, Joaquina Fernández —de la que ya te he hablado—, hacía constantemente hincapié en la importancia de los valores. Ella decía que son como las columnas que sostienen el techo de un templo griego.

Los valores son aquellos principios, virtudes o cualidades que caracterizan a una persona, una acción o un objeto, y que se consideran típicamente positivos o de gran importancia por un grupo social.

Además, son aquellas cualidades que se destacan en cada individuo y que, a su vez, le impulsan a actuar de una u otra manera porque forman parte de sus creencias, determinan su conducta y expresan sus intereses y sentimientos.

En este sentido, definen los pensamientos de las personas y la manera en cómo desean vivir y compartir sus experiencias con quienes les rodean.

Sin embargo, también existe una serie de valores que son compartidos por la sociedad y que establecen los comportamientos y actitudes de las personas en general, con el objetivo de alcanzar el bienestar colectivo[3].

En un Círculo podríamos definir cuáles son los valores que van a guiar a este grupo de personas. En los Círculos de Hombres Evolucionantes hemos definido algunos muy importantes. Seguro que podría haber más, pero estos son los fundamentales para el buen funcionamiento de cualquier CHE.

## Presencia:

### Estoy con todos mis sentidos

Me pongo en el espacio con toda mi energía, me mantengo presente pase lo que pase, aunque aparezcan emociones incómodas, juicios mentales o limitaciones. Estoy ahí para mis compañeros. No caigo en distracciones como el teléfono móvil, bromas absurdas o comentarios innecesarios.

## Autenticidad:

### Dejar las máscaras en la entrada

En este espacio no tienes que fingir, puedes ser quien eres tú de manera real, sin miedo al juicio, sin temor a represalias. Utilizamos el Círculo como espacio para practicar ser más auténticos.

## Compromiso doble:

### Mi palabra define mi valor como hombre

Compromiso contigo mismo y compromiso con el Círculo. Viniendo al Círculo te comprometes con tu crecimiento personal, con mostrarte, con reflexionar y con salir de tu zona de confort.

---

[3] Fernández, Joaquina (2017). *Piensa en ti: Diseña tu vida para ser feliz.* Disponible en Kindle: https://amzn.to/3gWF3T3

También te comprometes con todos y cada uno de los miembros del Círculo, y con el Círculo como ente. Lo ideal es que el Círculo sea una prioridad en tu vida. Si es así, el Círculo te devolverá mucho más de lo que tú pongas.

## Integridad/Honestidad:

### La integridad personal es el paso número uno

El Círculo es el espacio ideal para mostrar tu honestidad y para analizar si estás siendo un hombre íntegro, y si detectas que no está siendo así, puedas volver a ese camino para estar alineado entre lo que sientes, lo que piensas, lo que dices y lo que haces.

## Responsabilidad Personal:

### Tú eres corresponsable de todo lo que ocurre en tu vida

Cada cosa que ocurre en el Círculo es responsabilidad tuya, de igual manera que es responsabilidad de cada uno de los miembros. Tú tienes que saber hasta dónde llegar, cuánto eres capaz de abrirte y de compartir.

## Evolución-Aprendizaje:

### Evolucionar es el objetivo fundamental del Círculo

Este es un espacio para aprender tanto de lo que dices como de lo que no dices, y de cada una de las experiencias y desafíos que tienen los compañeros del Círculo.

## Hermandad:

### Juntos somos más fuertes

Ser parte del grupo supone ser parte de un colectivo, de una hermandad a la que uno puede pedir ayuda también cuando no está en una sesión de Círculo. Este espacio busca volver al sentimiento de tribu, a la certeza de que los hombres juntos somos más fuertes y de saber que siempre tienes un hermano cerca con el que compartir.

## Compañerismo:

### Por un hermano lo daría todo

Muchos de nosotros vamos perdiendo amigos a medida que nos vamos haciendo mayores. El Círculo es un entorno perfecto para volver a conectar con hombres que están en el mismo camino y compartir las ganas de evolucionar.

## Apoyo:

### Hoy por ti, mañana por mí

Tu misión es apoyar a todos tus compañeros en la medida que puedas y como sea requerido. De esta misma manera, recibirás el apoyo cuando tú lo necesites. Cuando un hombre está pasando un mal momento, recibe el apoyo del grupo, la empatía de sus compañeros que han vivido situaciones similares o que al menos pueden imaginarse cómo se siente.

## Respeto:

### La diversidad nos hace más ricos

Respeto máximo a cada uno de los componentes del grupo, a sus elecciones y pensamientos en cada uno de los ámbitos de la vida, incluyendo su tendencia sexual, pensamientos políticos, decisiones vitales, credos religiosos o espirituales y cualquier otro asunto.

### Apertura:

### Muestra tu corazón al grupo

Comparte lo que no compartes en otros ambientes. Cada uno en la medida de lo que pueda en cada momento, pero siempre intentando salir de la zona de confort y compartiendo un poquito más de lo que nos permite estar demasiado cómodos.

### Vulnerabilidad:

### La vulnerabilidad te hace poderoso

Mostrarte vulnerable entrega al resto la posibilidad de conocerte de verdad y les invita a mostrar también esas partes que ocultan normalmente. Quitarnos caretas, eliminar los escudos y las barreras y mostrarnos como somos realmente. Experimentar el poder de la vulnerabilidad para conectar unos con otros.

### Diversión:

### Evolucionar puede ser una fiesta

Todo esto se puede hacer sin caer en la pedantería o en la seriedad máxima. Además de crecer, podemos pasar un buen rato. El humor es un rasgo masculino que, bien usado, puede abrir las puertas más difíciles del mundo, pero es importante no usarlo para huir de situaciones de tensión o evitar profundizar.

### Comunicación:

### Dos orejas y una boca

La comunicación, base principal del Círculo, es una comunicación distinta: escucho con el corazón abierto y hablo desde lo más profundo de mi ser. Escuchar es tan importante —o más— que hablar.

## 1.4. Los acuerdos básicos

Una regla viene impuesta desde fuera; sin embargo, un acuerdo es algo a lo que yo me comprometo por el buen funcionamiento de un mecanismo o colectivo, en este caso, el del Círculo. Estos acuerdos tendrán que ser aceptados por los miembros del grupo. Se pueden añadir otros, retirar alguno o adaptarlos a las necesidades de tu Círculo. Aquí te dejo una lista de los que nosotros hemos creído indispensables.

### Confidencialidad:

### Lo que pasa en el Círculo se queda en el Círculo

Este es el acuerdo principal que todos tienen que aceptar si desean participar del Círculo. Es necesario para tener un entorno seguro y confiar los unos en los otros. Puedes compartir tu experiencia fuera del Círculo, pero no así la de los demás. De hecho, invitamos a la gente a hacerlo, ya que así más hombres sabrán que este es un espacio que puede aportar valor. Sin embargo, es condición indispensable para crear un espacio seguro que cada hombre sepa que lo que allí comparte se va a quedar dentro del Círculo.

### Compartir el camino de evolución

La primera razón para crear o acudir a un CHE es compartir el camino, lo que está ocurriendo en tu vida y, sobre todo, aquellas cosas que te hacen sentir vulnerable.

La mayoría de hombres no se permite mostrar esa parte, siempre tienen que estar demostrando su fortaleza, que tienen todo bajo control, que nada les afecta. Sin embargo, esto no es así realmente. Quizá hemos sido capaces de construir una coraza y nos hace parecer fuertes, pero, debajo de un par de esas capas, hay un hombre sensible, alguien que sufre y a quien le encantaría tener un compañero con el cual compartir estas cosas (grandes o pequeñas) que a veces le dificultan mucho su existencia, o tener su propio «bromance» (ver glosario).

## Hablar de las cosas importantes

En la mayoría de los ambientes en los que nos movemos se habla del tiempo, des fútbol, de cuán malos son los políticos, de la economía o del trabajo. Hay muy pocos espacios en los que hablar en primera persona, de ti y de mí, de nosotros, de lo que nos está pasando, en qué proceso estamos ahora, de qué estamos sintiendo realmente. El objetivo de los CHE es que se hable de cosas importantes.

## Guarda tu consejo

Ya estamos cansados de recibir consejos no pedidos. En este espacio no tienen cabida, solo se podrá aconsejar a un hermano en caso de que él lo pida. De lo contrario, nos limitaremos a compartir nuestra experiencia o a explicar lo que nos resuena de lo que dijo el compañero anterior. El mundo ya tiene suficientes consejeros, *coaches*, terapeutas y gurús variados a los que cada uno puede ir si lo necesita.

## Sin juicio

Cada uno intentará apagar ese juez interior que tenemos y que se pasa el tiempo decidiendo si las cosas que dicen o hacen los demás son buenas o malas. Aquí trataremos de observar los pensamientos. Cuando algo me produzca resistencia, pondré atención en saber qué parte de mí se está viendo activada. Y recuerda: es una práctica.

## Espacio para la escucha

El Círculo es un espacio para hablar, pero sobre todo, es un lugar para practicar la escucha activa y amorosa. No hay que luchar por la atención, ni levantar la voz. Una vez que un hombre está hablando, el resto escucha. Así, aquel varón tendrá la posibilidad de explicar bien qué le pasa y qué es lo que siente.

## Comunicación masculina

Practicamos la comunicación masculina contando todas las cosas que sean necesarias, pero intentando ir a la esencia. Muchas veces, no es necesario contar toda la experiencia o perdernos en detalles, sino cómo se siente uno en cada momento y qué le está pasando.

## No se hace terapia

Aquí no hay que arreglar a nadie, nadie viene a este espacio a que le digan cómo tiene que vivir su vida. No estamos reparando a los compañeros, los estamos dejando ser y los estamos escuchando. Si alguien quiere terapia individual, que busque un experto; hay algunos muy buenos.

## Hablar de tu experiencia

No necesitamos conceptos que podemos encontrar en libros, sino tu experiencia practicando eso o las cosas que has descubierto tú mismo. De esta manera, aportamos mucho más valor a los compañeros y no caemos en la pedantería.

## Siempre desde el yo

No hablamos de nosotros, ni de uno, ni de tú; hablamos desde el **YO**: «Yo siento», «Yo vivo», «Yo experimento esto». Aplicamos el concepto de responsabilidad personal, que dice que lo que ocurre en mi vida, lo que yo siento, es mi responsabilidad. Las palabras que usamos crean nuestra realidad y todo esto comienza por responsabilizarme desde el **YO**.

Imagínate que digo estas dos cosas:

a. Uno tiene ganas de suicidarse al levantarse.

b. Hoy tuve ganas de suicidarme al levantarme.

¿Ves la diferencia? El poder de tomar la responsabilidad de lo que pasa en tu vida es muy transformador.

### Desde el corazón

La mayoría del tiempo que pasamos en nuestras vidas la cabeza está manejándolo todo. En estos espacios, dejamos que sea el corazón el que hable, que el cuerpo se exprese, que se escuchen sentimientos, emociones, experiencias reales sin pasarlas tanto por el filtro de la mente. Esta, muchas veces, juzga o intenta encontrar soluciones o explicaciones a cosas que simplemente son.

### 1.5. ¿Qué significa para ti?

### Ejercicio

El Círculo es algo muy personal. Cada Facilitador o participante tiene su visión al respecto. Para definir más la tuya, te invito a que contestes estas preguntas en tu cuaderno; te ayudarán a traer más claridad en tu proceso.

- ¿Para qué quieres participar en un Círculo?
- ¿Para qué quieres organizar Círculos de Hombres?
- ¿Qué es lo más importante que quieres conseguir con todo esto?
- ¿Cuáles son los valores que debería tener este Círculo para ti?
- ¿Qué valores aportarás siempre al Círculo?

- ¿Quiénes son los hombres con los que más tiempo pasas?
- ¿Te sientes más cómodo con mujeres o con hombres? ¿Por qué?
- ¿Cuándo fue la última vez que te mostraste vulnerable frente a otro hombre?
- ¿Cuál es tu nivel de compromiso con tu evolución como hombre?

## 1.6. Mi historia con los CHE y los aprendizajes

### 1.6.1. Mi primera participación en un Círculo

La primera vez que fui a un Círculo de Hombres fue en un taller de tantra, en el que durante unos días nos separamos los «shivas» y las «shaktis» (ver glosario). Así llamamos a los hombres y a las mujeres en el tantra. Era enero de 2015.

Ya te conté al comienzo del libro el caso de un compañero que compartió que le faltaba un testículo y que eso siempre le había condicionado la manera en la que se relacionaba con lo masculino en él y en otros. Esa fue una experiencia que me cambió la vida para siempre y que me sirvió para comprometerme conmigo mismo.

### 1.6.2. Cumpliendo mi compromiso

En ese taller me comprometí a realizar un Círculo/taller con hombres, y así lo cumplí al volver a Valencia. Hablé con mis doce amigos más cercanos y todos dijeron que sí. Al final, solo cuatro no encontraron excusa para escaquearse, pero esos cuatro fueron los primeros valientes que se atrevieron a formar parte de ese Círculo y les estaré eternamente agradecido. Los que se borraron quizá no era su momento, o simplemente no les apetecía. Luego aprendí que no se puede obligar a un hombre a interesarse por los Círculos; tiene que ser un llamado interno. Aprendí también que era mucho más eficiente no tratar de convencer a los no interesados, sino reservar la energía para aquellos que sí lo están.

### 1.6.3. Mis primeros Círculos facilitados

El siguiente año, a mi vuelta a Koh Phangan, Tailandia, decidí organizar Círculos de Hombres; era mi manera de saber si todo esto iba realmente conmigo.

La primera semana hicimos el Círculo en español. Allí estábamos un amigo mío que también vivía allí, otro que estaba visitando en aquel momento y un compañero italiano (Raffaello Manacorda), que estaba en la isla. Él había sido uno de los Facilitadores del primer taller en el que yo participé.

La semana siguiente repetimos los mismos, pero esta vez en mi casa; decidimos que no tenía sentido pagar por un espacio si íbamos a ser tan pocos.

La tercera semana apareció un británico, así que el idioma cambió a inglés por respeto a este. Él estuvo seis semanas sin volver, y cuando por fin regresó, llegó a la terraza de mi casa y se quedó asombrado: habíamos pasado de ser cuatro hispanohablantes a ser dieciséis de diferentes países, compartiendo. Ese año me sirvió para aprender que la constancia daría sus frutos.

### 1.6.4. Una temporada turbulenta

La temporada siguiente a mi vuelta a Koh Phangan seguí compartiendo cada semana mi terraza con ese Círculo. Esa temporada fue muy difícil: tomé ayahuasca por primera vez y conocí a una mujer con la que compartí un romance muy intenso, pero que me dejó grandes heridas, o mejor dicho, me despertó heridas que no había identificado antes.

Organizar el Círculo se convirtió en una medicina para mí. Los hermanos que allí se reunían me dieron el apoyo que necesitaba. A veces pedí consejo, y en otras ocasiones se compartieron experiencias que me sirvieron de inspiración.

Poco a poco, me di cuenta de que me iba poniendo mejor, sintiéndome más seguro y confiado. También, venían otros hombres con problemas similares. Durante esa temporada, mi casa se convirtió en el bungaló de los hombres en apuros. Casi cada día aparecía algún compañero de Círculo pidiendo apoyo, ayuda o consejo. De esta manera, supe que tenía mucho por aportar a los hombres.

### 1.6.5. Círculos en pareja

La temporada siguiente, en Tailandia, conocí a Alexander, mi «bromance» (ver glosario). Por supuesto, fue en uno de esos Círculos. Él compartió un conflicto idéntico al que yo había tenido semanas antes. Al acabar el Círculo, fui hacia él y le dije que, si lo necesitaba, tenía mi casa y podía quedarse en ella. Nunca había hablado con él antes, pero sentía una conexión enorme. Fuimos a mi casa, tomamos algo y seguimos compartiendo. Durante los siguientes años, Alexander y yo dirigimos muchos Círculos en tándem (entre los dos); esto nos daba la posibilidad de interactuar y darnos *feedback* el uno al otro. Aprendí que un amigo de Círculo puede ser un regalo para el crecimiento personal y que no hay nada comparable a la amistad espiritual.

### 1.6.6. Círculos en el mundo

Meses después fui a Estados Unidos por segundo año consecutivo. Allí conocí en persona a algunos de los hombres que me habían acompañado en un curso *online* llamado School for Men. Por primera vez facilité un Círculo con trece hombres, en América. El camino continuó más hacia el sur, en Colombia. Allí también organicé Círculos de Hombres, con una gran respuesta. Encontré hombres muy conscientes y con un nivel de madurez alto.

Ese año, de vuelta en España, seguí organizando Círculos en Valencia y también participé en algunos festivales y otros eventos a los que me invitaron. Esa temporada organizamos el primer retiro Escuela de Héroes, con la participación de dieciséis hombres y el apoyo de Raffaello.

### 1.6.7. Expandiendo el mensaje

En noviembre de 2017, con más de cien Círculos presenciales en mi bagaje, recibí por primera vez el mensaje del cual nació la idea de escribir este libro. Sin embargo, no iba a ser tan fácil. Cuando llevaba más o menos la mitad del libro, el mensaje llegó con más claridad mientras hacía yoga: era un curso. Hice una publicación en mi Facebook y una semana después tenía veintisiete hombres interesados en formarse como Facilitadores. Finalmente, dieciséis hombres formaron parte de la primera edición del curso *online*: **Formación para Facilitadores de Círculos de Hombres Evolucionantes.** Este fue un paso muy importante al darme cuenta de que otros hombres tenían el mismo interés que yo en que cada vez hubiera más espacios de hombres y que juntos podíamos multiplicar este trabajo.

### 1.6.8. Creciendo

Los siguientes años fueron de crecimiento imparable. Cada vez más hombres se interesaban. Yo decidí que quería ganarme la vida con esto y que invertiría lo que hiciera falta para formarme y convertirme en un referente. Durante esos años participé en The New

Warrior Adventure Program, de MKP, una organización enorme a nivel mundial en el trabajo con hombres. Fui invitado a dictar talleres en los European Men´s Gathering de 2018, en Suecia, y de 2019, en Dinamarca.

En este libro puedes encontrar más información del trabajo de MKP: *A Circle of Men: The Original Manual for Men's Support Groups*. New Edition, September 2015, with ManKind.

Ver un Círculo de ciento cuarenta y tres hombres me inspiró para crear algo similar en España.

En octubre de 2018 se llevó a cabo el primer festival Evolu100hombres. Con el apoyo de Miguel Méndez, productor del evento, convocamos a cuarenta y siete hombres, y vivimos una experiencia tremenda que cambió la vida de muchos de los participantes. Este evento se repitió en 2019 y seguimos creciendo con el curso de Sexualidad Evolucionante y otros eventos presenciales en Colombia, Tailandia y España.

Poco a poco, me fui convirtiendo en el referente del trabajo con hombres en español, inspirando a muchos a comenzar con sus propios proyectos e impulsando a otros a formar nuevos Círculos.

### 1.6.9. Los resultados

En estos años hemos tenido la suerte de aparecer en varios medios de comunicación. La Sexta (canal nacional en España) vino a grabar en el segundo encuentro de Evolu100hombres. Durante el día Internacional del Hombre de 2020, Radio Nacional de España me entrevistó para hablar sobre este día y sobre la importancia de los Círculos.

He participado en multitud de congresos *online* y me han hecho muchas entrevistas. Todo esto lo hago con el objetivo de llegar a más hombres y hacer que este trabajo se popularice, porque sé a ciencia cierta que millones de hombres se podrían beneficiar de él, tanto como los alumnos de los cursos de Hombres Evolucionantes o yo lo hemos hecho.

Todo esto me ha llevado hasta una de las mayores plataformas audiovisuales del mundo en un formato como el *reality show*, dictando un taller para hombres y llevando esta inspiración al hogar de millones de hombres en todo el planeta; hombres que quizá antes no sabían, pero ahora conocen la existencia de este tipo de trabajo.

Si quieres saber dónde puedes ver ese *reality*, escríbeme un mensaje privado por Instagram a **@evolucionantes** y te paso la información. El mensaje debe decir: «Quiero ver el *reality*».

### 1.6.10. Las pruebas

Durante estos años hubo muchas pruebas, muchos mensajes de mi cabeza diciendo que lo que hacía no tenía sentido, críticas externas, falta de apoyo, pero seguí adelante, fui constante y la constancia trae frutos.

En los Círculos he compartido cosas que no había compartido con nadie en mi vida. En los Círculos he escuchado a hombres con el corazón en la mano compartir los dolores más fuertes que estaban dentro de sus almas, historias de abuso, abandono o violencia. He sido cocreador de momentos preciosos, he visto nacer amistades muy profundas. El Círculo más pequeño lo formé yo solo el día que nadie acudió a la llamada. El Círculo más grande fue de más de ciento cuarenta y tres, en el European Mens Gathering, realizado el 2018 en Dinamarca.

Pero pase lo que pase, vengan los que vengan, el Círculo siempre es perfecto y es exactamente como tiene que ser. Siempre se aprende de lo que dices, de lo que escuchas, de lo que no dices, de lo que juzgas de cómo otros afrontan la vida… Por eso quiero seguir compartiendo contigo más herramientas y claves para que tú también puedas vivir tu propio proceso.

## Testimonios

### Nacho Duarte, Madrid, España, 42 Años, Facilitador CHE

El día de mi primer círculo presencial estaba hecho un manojo de nervios y dormí fatal esa noche. Todo eso se sumó al malestar y a la autoexigencia que padecía por «tener que hacerlo bien». En un determinado momento, antes de entrar, algo cambió, no sé qué fue, pero conecté con algo que, pienso, todos llevamos dentro: la capacidad de dar y hacer algo que crees que es bueno y forma parte de algo mayor. Algo así como la vida queriendo dar lo mejor que tiene a través de ti. No eres tú haciendo un círculo, es el «bien» moviendo sus hilos para aportar su granito en la mejora del mundo. Ese fue, hasta la fecha, el círculo en el que mejor me he sentido.

### Pipe Kar, Colombia, 37 Años, participante en CHE *Online*

La experiencia de mi primer Círculo de Hombres Evolucionantes fue liberadora, tanto presencial como *online*. Es un espacio seguro, confiable, donde puedes expresarte sin máscaras, ni requisitorios.

Los hombres necesitamos un espacio seguro donde mirarnos por dentro, así como compartir nuestras experiencias y vivencias tanto del entorno de paternidad como el de la masculinidad. Por eso en la realización de estos encuentros no existen normas ni convenios, aunque sí hay herramientas que nos sirven. Solo se debe respetar y preservar la confidencialidad e intimidad de los asuntos que allí se traten.

## 2. ¿POR QUÉ LOS CHE?

*Un camino de mil millas*

*empieza con un paso.*

Benjamin Franklin

### 2.1. La situación de los hombres en el mundo

En la introducción del libro te hablé de algunos indicios que invitan a pensar que los hombres no están tan cómodos como pareciera en este mundo en que vivimos.

Todos estos son datos contrastados y, para mí, son indicios de que quizá no es tan real que esta sociedad sea un cuento de hadas para aquellos que nacen en cuerpo de hombre.

Si quieres encontrar más información, te invito a que leas este libro: *Deshumanizando al varón: Pasado, presente y futuro del sexo masculino*, de Daniel Jiménez de donde he sacado gran parte de la información para este apartado del libro.

Mi intención al mostrar estos datos no es victimizar a los hombres, pero sí demostrar que los medios de comunicación eligen sus noticias basándose en una ideología de género que pasa por alto muchos aspectos en los que los hombres sufren sobremanera. Aquí unos ejemplos:

—Los hombres mueren, de media, más de cinco años antes que las mujeres[4].

—En treinta y siete países los hombres trabajan (fuera de casa) más años, pese a su menor esperanza de vida[5].

—Los hombres conforman el 79% de las víctimas de homicidio a nivel global[6].

—El 83% de las muertes en el trabajo doméstico son varones[7].

—La tasa de muertes laborales en cualquier país es abrumadoramente masculina (96% en España)[8].

—El 80% de los suicidios en prácticamente todos los países del mundo son hombres[9].

---

[4] https://es.statista.com/estadisticas/633534/esperanza-de-vida-al-nacer-por-pais-y-genero-ue/
https://magnet.xataka.com/preguntas-no-tan-frecuentes/brecha-genero-esperanza-vida-que-mujeres-viven-tambien-sufren

[5] Wikipedia, the Free Encyclopedia, «Retirement Age».
https://en.wikipedia.org/w/index.php?title=Retirement_age&oldid=723023986
Farné, S. «Pensiones y mujeres». El Espectador, 28 de febrero de 2015, sec. Economía. www.elespectador.com/noticias/economia/pensiones-y-mujeres-articulo-546621.

[6] UNODC, «Estudio Mundial sobre el Homicidio 2013», Resumen Ejecutivo (Viena: Oficina de las Naciones Unidas contra la Droga y el Delito). www.unodc.org/documents/gsh/pdfs/GLOBAL_HOMICIDE_Report_ExSu m_spanish.pdf.

[7] T. R. Driscoll et al., «Unintentional Fatal Injuries Arising from Unpaid Work at Home», Injury Prevention: Journal of the International Society for Child and Adolescent Injury Prevention 9, N°. 1 (marzo de 2003): 6.

[8] [30] UGT, «Informe Accidentes de Trabajo. Enero-diciembre 2011» (Unión General de Trabajadores, 2012), 36.
http://portal.ugt.org/saludlaboral/infor_acci_trab/informe_accidentes_trabajo _ene-dic2011.pdf

[9] «Defunciones según la Causa de Muerte. Año 2010.» (Instituto Nacional de Estadística, 20 de marzo de 2012), 3. www.ine.es/prensa/np703.pdf
WHO, «Suicide rates per 100 000 by country, year and sex (Table)», World Health Organization, 2012.

—La población reclusa es masculina en 93%, una tendencia que se repite en la mayoría de los países del mundo[10].

—Los hombres cometen más crímenes, pero también, por el mismo delito y controlando otras variables como el historial criminal, terminan en la cárcel el doble de veces que una mujer y reciben condenas un 63% más largas[11].

—Los hombres triplican a las mujeres como bebedores de alcohol de alta frecuencia[12].

—Las cuadruplican como consumidores de drogas duras[13].

—También los niños varones protagonizan el fracaso escolar[14].

Hay muchas más desgracias en este mundo que afectan a los hombres y de las que muy probablemente no sabes nada:

—947 hombres fallecidos durante rituales de circuncisión en Sudáfrica[15].

---

https://web.archive.org/web/20130206064542/

http://www.who.int/mental_health/prevention/suicide_rates/en/index.html

https://es.wikipedia.org/wiki/Suicidio_en_Espa%C3%B1a

[10] «Población reclusa», Instituto Nacional de Estadística, 2014, www.ine.es/jaxi/tabla.do.

www.statista.com/statistics/252828/number-of-prisoners-in-the-us-by-gender/

[11]Michigan Law, «Prof. Starr's research shows large unexplained gender disparities in federal criminal cases», University of Michigan, 16 de noviembre de 2012. www.law.umich.edu/newsandinfo/features/Pages/starr_gender_disparities.aspx

[12] Sánchez, L.; Pardo, J.; y Valderrama, J. C. «Estudio internacional sobre género, alcohol y cultura "proyecto GENACIS"», ed. Sociedad española de toxicomanías (Sociedad Española de Toxicomanía, 2004). www.documentacion.edex.es/docs/1104SANest.pdf.

[13] *Ibídem*, p. 304.

[14] Calvo, M. «Fracaso escolar: un problema principalmente masculino.», Tribuna, 23 de febrero de 2011. http://blogs.elconfidencial.com/espana/tribuna/2011-02-23/fracaso-escolar-un-problema-principalmente-masculino_727079/.

[15] Dingeman, R. «Initiation deaths in the Eastern Cape» (Ulwaluko, 20 de septiembre de 2015). www.ulwaluko.co.za/Problems_files/Statistics.pdf.

—71 hombres lapidados por infidelidad conyugal en Irán[16].

—10 000 varones adolescentes secuestrados por Boko Haram en Nigeria[17].

—200 niños varones secuestrados por parte de Al-Shabaab en Somalia[18].

—La mayoría de los niños esclavos en la India son varones[19].

—Francia penaliza las pruebas de paternidad privadas con hasta 15 000 euros y un año de cárcel[20].

—En Japón, un fallo del Tribunal Supremo obliga ahora a los maridos a mantener a los hijos resultantes de la infidelidad de sus parejas[21].

—India todavía mantiene una ley contra la infidelidad conyugal que solo penaliza a los varones[22].

---

[16] http://stopstonningnow.com/wpress/SList%20_1980-2010__FHdoc.pdf

[17] Hinshaw, D. y Parkinson, J. «The 10,000 Kidnapped Boys of Boko Haram», Wall Street Journal, 12 de agosto de 2016, sec. Page One, www.wsj.com/articles/the-kidnapped-boys-of-boko-haram-1471013062.

[18] Beerdhige, M. «Shabaab Force 200 Children to Join Forces», Somalia Report, 22 de enero de 2012, sec. HomeLAND.
www.somaliareport.com/index.php/post/2596/Shabaab_Force_200_Children_to_Join_Forces.

[19] Oosterhoff, P. y Nanda, R. «In India child slaves are mostly boys not girls», Institute of Development Studies, 2 de abril de 2016.
http://web.archive.org/web/20160402051544/
http://www.ids.ac.uk/opinion/in-india-child-slaves-are-mostly-boys-not-girls.

[20] International Biosciences, «Paternity Testing Ban Upheld in France», International Biosciences, accedido 15 de julio de 2016.
www.ibdna.com/paternity-testing-ban-upheld-in-france/.

[21] Japan Today, «Supreme Court rules DNA test results cannot revoke paternal status of child's father», Japan Today, 18 de julio de 2014, sec. National, www.japantoday.com/category/national/view/supreme-court-rules-dna-test-results-cannot-revoke-paternal-status-of-childs-father.

[22] Dhananjay Mahapatra, «Adultery law biased against men, says Supreme Court – Times of India», The Times of India, 3 de diciembre de 2011, sec. India, http://timesofindia.indiatimes.com/india/Adultery-law-biased-against-men-says-Supreme-Court/articleshow/10964790.cms.

—En Rusia, Bielorrusia, Tayikistán y Guatemala, solo los hombres pueden ser condenados a muerte[23].

—En Rusia, Bielorrusia, Albania y Azerbaiyán, también aplican la cadena perpetua únicamente al sexo masculino[24].

—De los 33 países que todavía permiten la aplicación de castigos corporales, 19 lo relegan exclusivamente a hombres y niños varones[25].

—16 naciones africanas solo criminalizan la homosexualidad masculina[26].

—1 420 hombres muertos durante la construcción de estadios para el mundial de Qatar[27].

—Numerosos países discriminan a las víctimas masculinas de la trata en su legislación o en la aplicación de esta[28].

---

[23] Cornell Law School, «Women», Death Penalty Worldwide, 25 de enero de 2012. www.deathpenaltyworldwide.org/women.cfm.

[24] «Life Imprisonment», Wikipedia, the Free Encyclopedia. https://en.wikipedia.org/w/index.php?title=Life_imprisonment&oldid=732271983.

[25] «Judicial Corporal Punishment», Wikipedia, the Free Encyclopedia. https://en.wikipedia.org/w/index.php?title=Judicial_corporal_punishment&oldid=707377012

Farrell, C. «World Corporal Punishment Research», CorPun, 1 de abril de 2016. www.corpun.com/#rrmo.

[26] Global Legal Research Directorate, «Laws on Homosexuality in African Nations» (The Law Library of Congress, febrero de 2014). www.loc.gov/law/help/criminal-laws-on-homosexuality/homosexuality-laws-in-african-nations.pdf.

[27] Meneses, R. «Por cada partido que se juegue en el Mundial de Fútbol de Qatar habrán muerto 62 trabajadores», El Mundo, 26 de mayo de 2015, sec. Fútbol. www.elmundo.es/internacional/2015/05/26/5564ad6eca4741bb698b45a2.html.

[28] Rodríguez, C. «Cuando su vida vale menos: la discriminación institucional del hombre como víctima de la trata», ¿Quién se beneficia de tu hombría?, 12 de julio de 2015.

—Solo en las guerras de Afganistán, Irak y Siria, los varones adultos representan el 70%, 77% y 82% de las bajas civiles, respectivamente, pese a que tendemos a asociarlas principalmente con mujeres y niños[29].

Muchas de estas injusticias, sin embargo, no llegan a convertirse en noticia o no se difunden como las que afectan a las mujeres. ¿Habías leído alguna vez una noticia mencionando alguno de estos hechos?

Hasta los años sesenta o setenta del pasado siglo, los roles de género estaban muy claros. Podemos estar más o menos de acuerdo con ellos, pero todas las personas sabían lo que les tocaba hacer en la sociedad. El hombre trabajaba para sacar a la familia adelante y la mujer cuidaba de los suyos y les daba amor.

Esta situación creaba una desigualdad brutal, promovía relaciones codependientes y, además, tomaba como normales cosas inaceptables, como la violencia machista.

---

https://hombresgeneroydebatecritico.wordpress.com/2015/07/12/cuando-su-vida-vale-menos-la-discriminacion-institucional-del-hombre-como-victima-de-la-trata/

[29] United Nations Assistance Mission in Afghanistan, «Afghanistan Mid-year Report 2015. Protection of Civilians in Armed Conflict» (Kabul: United Nations Office of the High Commissioner for Human Rights, 2015), 1, 6. www.ohchr.org/Documents/Countries/AF/UNAMA_Protection_of_Civilians _in_Armed_Conflict_Midyear_Report_2015.docx.
Iraq Body Count, «The War in Iraq: 10 years and counting», Iraq Body Count, 19 de marzo de 2013. www.iraqbodycount.org/analysis/numbers/ten-years/
Syrian Observatory for Human Rights, «About 2 million people killed and wounded in 47 months, and it is still not enough…», Syrian Observatory for Human Rights, 7 de febrero de 2015.
https://web.archive.org/web/20150202044211if_/https://w.soundcloud.com/ player/?url=https://soundcloud.com/syriahr&auto_play=false&show_artwork =true.

A partir de esos años, la mujer se empezó a incorporar masivamente a la fuerza laboral. Ella había trabajado siempre en casa y ahora empezaba a hacerlo también fuera.

Esto trajo una gran revolución social liderada por mujeres que empezaban a aparecer en todos los espacios de la sociedad. La mujer se hacía independiente, quería su libertad, ya no dependía económicamente del hombre, lo cual le dejaba tomar decisiones que antes le serían imposibles, como la de divorciarse de su marido o elegir la vida laboral frente a la familiar.

Los hombres, por su lado, estaban atónitos a lo que empezaba a ocurrir. Entretenidos viendo la vida correr, ya sea siguiendo el fútbol o pasando tiempo en el bar con los amigos, las mujeres empezaron a tomar puestos de mando en las empresas o de liderazgo en los partidos políticos. Todas estas situaciones y muchas otras han traído en los últimos años un mundo más equilibrado, más compensado que, aunque no ha llegado a la igualdad total de derechos y obligaciones, sí que ha mejorado mucho la situación de la mujer. Nunca en la historia de la humanidad conocida las mujeres han tenido tantos derechos como ahora.

Los hombres, mientras tanto, han tomado también roles que antes no les eran permitidos por su género, están mucho más pendientes de la familia, más cercanos en la crianza de los hijos. Algunos incluso dejan los trabajos para cuidar a sus familias y se hacen responsables de las actividades del hogar.

Poco a poco se va permitiendo más a los hombres sentir y compartir esas emociones con otros. Sin embargo, como en todos los momentos de transición, este cambio ha traído también mucha confusión a mujeres y hombres.

Valgan ejemplos simples, como el de un hombre en la primera cita que no sabe si tiene que pagar la cena, si la mujer se ofenderá por pagarla o se ofenderá por no pagarla o si debería pedir que se pague a medias. Sé que hay muchos hombres que se han sentido así; a mí también me ha pasado.

Muchos hombres en España ya no sabemos si tenemos que ofrecer ayuda a una mujer, si podemos decirle algo bonito a una chica que nos guste u ofrecerle la chaqueta en una noche fría. No sabemos si estos van a ser gestos tomados como micromachismos o como actos de respeto y caballerosidad.

Ya ni siquiera podemos abrir las piernas en el metro sin que alguien nos llame la atención por hacer *manspreading* (ver glosario), o decir lo que pensamos sin ser acusados de *mansplaining* (ver glosario).

Es como si el patriarcado fuera una bola de acero colgada del techo y que los hombres empujan sobre las mujeres, produciendo mucho dolor, pero que al regresar golpea en la cara del hombre también haciéndolo sufrir.

Muchos hombres sienten que han perdido el espacio en la vida, que ya no son necesarios. No encuentran su lugar en todo esto.

Esta situación provoca mucho sufrimiento, el de no saber para qué está uno en este mundo.

Muchos hombres, en esa transformación hacia lo femenino, hacia el sentido de las emociones, han perdido alguno de los valores considerados masculinos (ver glosario), como la fuerza de voluntad, la dirección, la capacidad para tomar decisiones o la presencia.

Hemos incorporado muchos valores femeninos y en el camino hemos perdido algunos de los masculinos.

Yo no estoy aquí para juzgar si es mejor o peor, pero sí sé que muchos hombres no están a gusto y todos los hechos listados previamente así lo demuestran.

Los Círculos de Hombres son un espacio perfecto para encontrar los nuevos lugares que queremos incorporar, con los valores con los que queremos vivir nuestra vida, recuperar las cosas antiguas que sí nos valían, reflexionar y hacer autocrítica sobre las actitudes que queremos dejar y encontrar espacios nuevos que hagan que hombres y mujeres podamos convivir de una manera mucho más respetuosa, amorosa y consciente.

La reconstrucción del hombre y la incorporación de la masculinidad consciente no pueden venir de un mandato de la mujer; esto sería como si una madre le dice a un jovencito cómo se puede convertir en un hombre adulto. Tiene que venir de la reflexión e indagación de los propios hombres, de la experiencia y la inspiración de unos con otros. Si miramos con la profundidad suficiente, veremos que dentro de nuestro corazón hay amor, compasión y empatía por el resto, y que el propósito final es poner nuestros dones al servicio de algo mayor que uno mismo.

Por supuesto que, como hombres, debemos reflexionar sobre nuestras actitudes machistas, hacernos conscientes y dejar ir esos patrones que generan desigualdad o incomodidad, pero no hay que partir desde la culpa, ni desde la carga de lo que hacen el resto de hombres o lo que hicieron en el pasado, sino desde la ilusión de ser una mejor versión de nosotros mismos, de conectarnos con lo masculino sagrado y maduro, así como de lo femenino y alcanzando el matrimonio interno para crear relaciones más armoniosas y profundas.

La naturaleza ha dotado a la mujer del don de ser mamá, de poder crear un nuevo ser y traerlo al mundo. Los hombres no podemos hacer eso y esta puede ser una de las razones por las que hay una llamada interna de dejar un legado, de que el mundo sea un lugar mejor cuando lo abandone gracias a nuestro servicio.

En su libro *La nueva masculinidad: rey, guerrero, mago y amante*, Robert Moore nos habla del patriarcado y de la relación con los hombres:

«En nuestra visión, el patriarcado no es la expresión profunda y arraigada de la masculinidad, porque esa visión de la masculinidad no es abusiva. El patriarcado es la expresión de un masculino inmaduro, es la expresión de una psicología del niño, y en parte de la sombra (ver glosario) o el lado loco de la masculinidad. El patriarcado es, en nuestra visión, un ataque a la masculinidad y también a la feminidad; y en su totalidad, aquellos enganchados en las estructuras y dinámicas del patriarcado buscan dominarnos no solo a las mujeres, sino también a los hombres.

En la presente crisis de masculinidad no necesitamos, como algunas feministas dicen, menos poder masculino; necesitamos más de lo masculino maduro, necesitamos más psicología del hombre adulto, necesitamos desarrollar un sentido de calma sobre el poder masculino; así no tenemos que actuar dominando o desempoderando el poder en otros.

Tenemos que aprender a amar y ser amados por lo masculino maduro. Tenemos que aprender a celebrar el poder y la potencia de lo masculino no solo por nuestro propio bienestar y el de nuestras relaciones, sino también porque esta crisis de lo masculino maduro alimenta la crisis global de supervivencia que enfrentamos como especie. Nuestro peligroso e inestable mundo necesita urgentemente mujeres y hombres maduros, si nuestra especie quiere continuar en el futuro».

## 2.2. Tus razones para empezar

Tú, que lees este libro y quizá seas terapeuta, *coach*, psicólogo, líder o te interesa trabajar con hombres, te puedo decir que realmente no importa mucho cuál sea tu pasado, aunque todo lo que hay en tu bagaje sumará a tu habilidad para facilitar. Lo más importante es que tengas clara cuál es tu razón para empezar con todo esto.

Quizá tengas cosas que sanar en tu masculino interno, o hayas perdido a tus amigos y te sientas solo, o tus amigos sigan ahí, pero tú has cambiado y ellos no, y eso hace que te sientas todavía más aislado.

Seguro que si te estás planteando empezar a juntar hombres en un Círculo es porque tienes una curiosidad que no se está viendo satisfecha.

Recuerda: no importa de dónde vengas, no importa tu experiencia; lo que realmente importa es desde dónde haces todo esto, la ilusión que le pones y la constancia que tengas en el proceso.

Así que busca tú razón y adelante.

## 2.3. Mis razones para empezar

Ya te he hablado antes en este libro de cuando empecé a facilitar Círculos.

Siempre me he relacionado de una manera más profunda con mujeres. He tenido muy buenos amigos, pero estas relaciones solían quedarse en algo superficial: en ver el fútbol, intercambiar algunas palabras sobre la camarera, los últimos ligues y quizá algo de trabajo. Pero cuando realmente tenía un problema profundo siempre se lo contaba a mi amiga María.

Al empezar en el camino espiritual me di cuenta de que necesitaba rodearme de otros hombres en una situación similar y de que quizá eso me ayudaría a impulsar mi evolución. Durante años participando y creando estos espacios, he vivido una transformación tremenda, y por eso quiero dejarte aquí una pequeña lista de los beneficios que ha tenido para mí y que quizá pueden servir también para ti:

### 2.3.1. Tomar el liderazgo de mi vida

Organizar un Círculo para mí era como una especie de metáfora en la que estaba tomando el liderazgo de mi vida. Dirigir un evento con otros hombres, facilitarlo, me hizo sentirme más confiado en mí. El tener que exponerme delante de otros hombres me hizo plantearme mis valores de una manera más profunda. Valores como la honestidad, la integridad e incluso la puntualidad cobraron un nuevo valor porque me estaba mostrando frente a otros hombres. Tenía miedo de ser juzgado por no ser lo bastante bueno, pero igualmente seguía adelante. ¿Te imaginas tú mismo liderando un espacio? Sigue adelante porque vas a tener todos los recursos necesarios en este libro.

### 2.3.2. Saber si esto era mi propósito

Desde que estudié el máster de *coaching* en Madrid, en el año 2012, estuve buscando algo en lo que especializarme, un tipo de personas con las que trabajar. Durante un momento pensé que podían ser los hombres; sin embargo, tenía muchos prejuicios y muchas ideas en la cabeza que me hacían pensar que eso no me iba a gustar.

Organizar Círculos cada semana durante varios meses me hizo darme cuenta de que era increíble, pues sacaba mucho más de lo que ponía al generar estos espacios. Y me hizo confirmar la idea que esta era mi misión en este momento de mi vida.

Quizá tú también sientas un llamado del trabajo con hombres. Si es así, te garantizo que facilitar estos espacios te servirá mucho para ganar en confianza y certeza con tu propósito o para desecharlo finalmente.

### 2.3.3. Crecer

Más tarde fui consciente de que compartir espacio con otros hombres en el camino de la espiritualidad y el crecimiento personal me hacía ser mejor persona. Las conversaciones que allí teníamos y los dilemas que se planteaban me permitían reflexionar sobre mi propio crecimiento, sobre mi propia masculinidad, sobre mis actitudes machistas o infantiles. Además, la mayoría de hombres que suelen acudir a estos eventos son hombres bastante trabajados, con un bagaje importante que provoca que los Círculos sean todavía más interesantes y que puedas aprender y acercarte a temas con los que sería difícil tener contacto de otra manera. ¿Cuántos hombres tienes a tu alrededor que te ayudan a crecer?

### 2.3.4. Apoyo

Organizar un Círculo de Hombres fue la mejor manera de conseguir apoyo de otros hombres. Durante momentos malos me sirvió poder escuchar historias de otros compañeros a los que les habían pasado cosas similares o peores. Recibir una palabra de apoyo o un consejo que yo había pedido previamente son cosas que me ayudaron mucho en mi proceso. Además, poco a poco, conforme yo me iba recuperando de un desamor, iba reconociendo que el hecho de poder apoyar a otros hombres hacía que yo me sintiera también cada vez mejor. Devolver una parte de lo que había recibido me hacía tener más confianza en mí mismo y me daba satisfacción y felicidad.

## 2.4. Sus razones para ir

Hay muchas y variadas razones o cualidades por las que los hombres vienen a los CHE, pero quizá podríamos dibujar algunas que se repiten muy a menudo.

### 2.4.1. Humildad

Cuando empieces a hablar a tus hombres más cercanos sobre los Círculos, seguro vas a recibir comentarios como: «¿Y para qué iba a ir yo ahí?», «Seguro que eso es una pandilla de *hippies*» o «Yo no tengo nada que compartir».

La humildad de aceptar que no lo sabes todo es uno de los valores que los hombres abiertos a este trabajo deben tener. De lo contrario, será muy difícil que se interesen.

### 2.4.2. Apertura

Se requiere un grado de apertura grande para que un hombre tome el paso de sentarse en un Círculo a escuchar a otros hombres y a compartirse desde la autenticidad.

### 2.4.3. Conexión

Las ganas de conectar con otros de una manera diferente, más profunda y consciente, es fundamental para sentir el llamado de los Círculos.

### 2.5. ¿Qué tipos de hombres vienen?

En más de cien Círculos presenciales en Tailandia, México, Colombia, EE.UU., Dinamarca, Suecia y España, podrás imaginar que he visto de todo. El más joven tenía tres meses de edad; era un bebé cargado en los brazos de su padre en un festival al norte de Cataluña. El de mayor edad tenía setenta y tres; había vivido en la comunidad de Osho en los setenta. Sería difícil contarlo, pero estoy seguro de haber estado sentado en Círculos con hombres de más de cuarenta países diferentes: gais, heteros y todas las opciones posibles, que son muy variadas hoy en día. Diferentes razas, religiones, idiomas... Toda esta diversidad me ha hecho darme cuenta de que no importa ninguno de estos factores; lo que nos une es mucho más de lo que nos separa: los desafíos y los problemas que enfrentamos son muy similares y siempre puedes resonar con lo que le ocurre a otro hombre.

Sin embargo, quiero dejar aquí cuatro perfiles muy repetidos en cuanto a la motivación que los lleva al Círculo:

**El herido**: muchos de los hombres que vienen a los Círculos lo hacen desde el dolor de estar viviendo situaciones muy difíciles: con la pareja (ruptura sentimental), con el trabajo o con ellos mismos.

**Sanando lo masculino**: son muchos los hombres no han tenido en el pasado buenas experiencias con lo masculino. Quizá el padre los abandonó o no estuvo presente. Quizá sufrieron *bullying* o se sintieron desplazados por ser más femeninos, por ser gais o porque no les gustaba el fútbol u otros deportes. Estos vienen a la búsqueda de una nueva experiencia con hombres más conscientes y maduros.

**El curioso:** hay otros hombres que simplemente quieren vivir una nueva experiencia, quieren enfrentarse a un nuevo reto; son hombres curiosos que vienen con la mente abierta, quieren saber cómo es la sensación de sentarse rodeado de varones.

**El buscador de amigos:** un perfil bastante repetido para asistir a un Círculo es encontrar a otros hombres con los que poder compartir este proceso hacia la consciencia.

Muchos hombres descuidamos las conexiones más profundas; quizá tenemos un círculo grande de amigos o conocidos, pero pocos varones con los que poder compartir las cosas más profundas que nos ocurren.

## 2.6. Cuestionario sobre la masculinidad

### Ejercicio

Te voy a dejar una lista de preguntas para que te tomes un rato tranquilo con tu cuaderno y las respondas desde el corazón:

➤ ¿Cómo fue la relación con mi padre?

➤ ¿Cómo ha sido mi relación con otros hombres en el pasado?

➤ ¿De quién aprendí qué significa ser un hombre?

➤ ¿Cuáles son las creencias que tengo sobre ser un hombre?

➤ ¿Cuáles son mis tres valores más importantes como hombre?

➤ ¿Cuáles son mis áreas de mejora como hombre?

➤ ¿Cuál es mi principal desafío como hombre en estos momentos?

➤ ¿Qué juzgo en otros hombres?

➤ ¿Qué admiro en otros hombres?

**Testimonio**

**Manuel Cruz, Jaén, España 41 años, Facilitador CHE y coordinador del programa *online*.**

A principios de 2017 se produjo mi ruptura de pareja con el chico que fue mi novio durante doce felices años. Sufrí mucho hasta que pude aceptar plenamente la nueva situación. La relación terminó, pero el amor que compartíamos aún sigue presente.

En esa época conocí la comunidad Hombres Evolucionantes, que fue uno de mis soportes mayores para superar aquello. Pasados unos meses, recibí el llamado a realizar la primera formación como Facilitador CHE.

Durante los meses que duró la formación, le iba contando a mi expareja mis avances y él también comenzó a compartir conmigo que tenía un amigo del que cada vez me hablaba más. Este hombre parecía haber tenido una vida dura en lo personal y yo, lejos de sentir celos o rabia de que se estuviera uniendo a mi expareja, reconocí en mí sensaciones de apertura, aceptación y respeto hacia ellos y a su propia relación.

Al poco tiempo, terminé mi formación como facilitador CHE y me disponía a abrir mi propio Círculo de Hombres Evolucionantes, enfrentándome a una de las tareas más complejas de estos espacios: atraer a hombres comprometidos consigo mismos.

Se me ocurrió entonces una idea arriesgada, pero que me serviría para comprobar cómo de superada tenía aquella ruptura de pareja y la nueva relación de mi ex con este hombre. Así fue como invité a ambos a participar en mi CHE, ¡sin anestesia ni nada!

Ambos aceptaron la propuesta. Mi expareja, porque siempre me ha apoyado en todo lo que he hecho, y su compañero, porque sería una oportunidad para compartir sus experiencias.

Fue entonces que se inauguró el Círculo de Hombres Evolucionantes de Jaén y allí nos encontrábamos los tres sentados entre otros hombres. Me acompañaban muchas emociones: nerviosismo por el estreno, respaldo por mi expareja, exposición intensa a conocer a su compañero, incertidumbre a las consecuencias que aquel triángulo relacional traería y mucho orgullo de fundar el primer CHE estable en España.

Desde entonces, mi expareja no volvió al Círculo como participante, aunque siempre estuvo atento a su evolución; su compañero estuvo acudiendo toda una temporada. Gracias a ello pudimos conocernos mejor, y yo pude vivir una experiencia única y muy valiente de la que saqué valiosísimos aprendizajes, como el amor incondicional que sentía por el hombre al que más he amado en mi vida, la verificación de estar libre de la enfermedad de los celos, y la unión con cualquier hombre sea cual fuera su pasado y presente.

Ese primer encuentro dejó impresas una serie de características que, desde entonces, siempre acompañan al CHE de Jaén: valentía, apertura, respeto y comunión entre hombres.

El círculo le permite al hombre el reconocimiento de hábitos e ideas nocivas que pudieran habitarle y que le han impedido ser feliz. Este reconocimiento ocurre al verse reflejado en las experiencias de los otros participantes y, también, al permitirse narrar aquellos recuerdos y experiencias que no comparte normalmente (o nunca) con otras personas.

## 3. ¿PARA QUÉ LOS CHE?

*Quien tiene algo por qué vivir, es capaz de soportar cualquier cómo.*

Nietzsche

### 3.1. Diferenciación del porqué y el para qué

Es muy importante entender las diferencias entre estas dos preguntas, pues nos llevan a lugares muy diferentes. El porqué nos lleva al pasado, a las razones por las que hiciste o dejaste de hacer algo. Casi siempre, cuando le preguntas a alguien por qué ha hecho algo, te contesta con una excusa. Todos nos movemos muy fácilmente en este entorno, es a lo que estamos acostumbrados. El porqué nos lleva a tirar balones fuera y no tomar la responsabilidad de nuestras vidas. Imagínate cuando le preguntas a alguien: «¿Por qué has llegado tarde?», este tendrá seguro unas cuantas excusas como que el bus se retrasó o que se le olvidaron las llaves en casa.

En la película *Vivir dos veces*, escrita por mi mejor amiga María Mínguez, de la que ya te he hablado varias veces, hay una escena que explica esto perfectamente. En el filme hay un personaje que es un *coach*. Mientras escribía el guion, María me preguntó varias veces cómo actuaría un *coach*. Creo que este personaje es tan ridículo como especial y auténtico (quizá es porque está un poco basado en mí).

Su mujer está nerviosa por un conflicto con su padre y quiere fumar un cigarrillo. Entonces, el *coach* le pregunta *para qué* quiere fumar, y la respuesta es muy cómica. No te voy a contar cómo termina la escena porque prefiero que veas la película, pero es una perfecta explicación de esto que te estoy contando aquí.

Detrás del *para qué* se esconde la motivación real que hay para tomar una iniciativa o tener una actitud concreta. Esta pregunta nos cuesta más contestarla. Si le preguntas a alguien para qué ha llegado tarde, seguro que le haces pensar.

Detrás del para qué está la motivación, las ilusiones, la voluntad por las que hacemos las cosas que queremos conseguir cuando tomamos una decisión o actuamos de una manera determinada.

Así que vamos a explorar el *para qué* de los Círculos.

## 3.2. Tu motivación

Casi cualquier motivación es buena si te lleva a generar espacios para el desarrollo de los hombres. No importa que esta sea crecer como hombre, aprender a facilitar espacios con otras personas, encontrar nuevos amigos o pasar un rato agradable cada semana; lo importante es que conozcas bien cuál es tu para qué.

Cuando conoces la motivación real de algo, eres mucho más fuerte.

Te aseguro que si decides empezar a participar u organizar estos espacios para hombres, en el proceso van a surgir desafíos y será en ese momento en el que, si tienes claro tu «para qué», podrás utilizarlo como motivador para sortear cualquier dificultad que te aparezca en el camino.

Es importante que te plantees esto de una manera profunda.

### 3.3. Descubriendo tu para qué

### Ejercicio

Te propongo de nuevo un ejercicio. Ahora que sabes la diferencia, coge tu cuaderno y escribe para qué quieres participar u organizar Círculos de Hombres.

Cuando tengas una respuesta, pregúntate otra vez para qué, y otra vez, y otra vez; así hasta que se acaben las respuestas. Puedes intercalar en el ejercicio un «¿Qué significa?», que te dará más claridad sobre tus propias motivaciones. Con este ejercicio sabrás qué hay detrás de esta voluntad, no para juzgarlo, sino para ser consciente de la motivación real que te impulsa a plantearte esta labor.

Además, te invito a contestar en tu cuaderno las siguientes preguntas.

➢ ¿De dónde vienen tus ganas de organizar un Círculo?

➢ ¿Para qué quieres participar en un Círculo?

➢ ¿Quieres liderarlo tú? ¿Para qué?

➢ ¿Quieres integrarlo a tu práctica?

➢ ¿Quieres trabajar con otros hombres? ¿Haciendo qué?

### 3.4. Beneficios para los asistentes

Puede que no te sientas preparado para liderar un espacio y que participar en un Círculo ya te suponga un desafío de gran envergadura. Si ese es tu caso, ¡genial! A continuación, te voy a compartir algunos beneficios que obtendrás si te lanzas a participar en un Círculo.

### 3.4.1. Mantendrás conversaciones de verdad

Los hombres tenemos la tendencia clara de analizar y de racionalizar; nos sentimos muy cómodos en la discusión intelectual, política o de fútbol, pero no tanto en lo personal. Es muy fácil relacionarnos de manera superficial, pero no tanto ir profundo. En el Círculo tenemos mecanismos para que esto no ocurra y que el que hable sea el corazón.

### 3.4.2. Compartirás cómo te sientes

Si tuviera que definir un área de trabajo para los hombres del mundo basado en toda mi experiencia, sería sin duda las emociones. El Círculo nos sirve para reconectarnos con ellas, para aprender el vocabulario que nos permita expresar con mayor amplitud lo que estamos viviendo en el momento presente, sin miedo a que nadie nos juzgue o tener que aparentar.

### 3.4.3. Encontrarás a personas que te entienden de verdad

Imagino que si estás leyendo este libro ya has comenzado tu camino de despertar, ha nacido en ti una curiosidad por el autoconocimiento, el crecimiento personal o la espiritualidad. El Círculo será un espacio donde conectar con hombres como tú, con inquietudes similares. ¡No eres raro! Hay muchos hombres en el mundo que están viviendo un proceso similar y compartir con ellos te dará más energía para seguir adelante.

### 3.4.4. Alguien vigilará si estás siendo responsable

En inglés existe un concepto muy valioso: *accountability*. En español se podría traducir como «responsabilidad»: tener el valor interno de hacerte responsable de tus funciones, tareas o actos. Estar en un Círculo te permitirá que otras personas puedan apoyarte a ser responsable con tus palabras y vivir en integridad.

### 3.4.5. Tener a alguien que te dé *feedback*

El objetivo de un Círculo no es dar o recibir consejo. Sin embargo, si lo pides, sí podrás recibirlo, o más importante aún, tener *feedback* que te ayude a mejorar. El *feedback* o retroalimentación sirve para verte a través de los ojos de un agente externo que te dará una nueva visión. Hacerlo en un espacio seguro puede suponer una catapulta en tu crecimiento personal.

### 3.4.6. Apoyo en tus compromisos

Puedes usar la energía del espacio para comprometerte con algo. ¿Recuerdas cómo yo me comprometí con facilitar mi primer espacio para hombres? Fue en medio de un Círculo de cuarenta y cinco hombres, y te aseguro que ese compromiso público me ayudó mucho cuando empezaron a surgir las dudas. Compartir tus objetivos y las acciones que quieres tomar para conseguirlos te dará mucha más posibilidad de alcanzarlos.

### 3.4.7. Recargarás tu energía masculina y serás más atractivo

Este es quizá el aspecto más difícil de creer de todos. No te pido que te lo creas, solo que lo pruebes personalmente. Hay algo mágico que ocurre solo por estar en la presencia de otros hombres conscientes: tu energía masculina se recarga. Eso provocará que seas más atractivo para seres con una esencia sexual femenina. Como en un viejo comercial de una marca de desodorantes, el «Efecto CHE» lo han bautizado los Facilitadores que han experimentado esto en sus propias carnes.

### 3.4.8. Pasarás un rato divertido y enriquecedor

Un Círculo de Hombres no tiene por qué ser un espacio serio. Muchas veces se viven risas y diversión. Conforme vaya creciendo la confianza y la hermandad entre los miembros te sentirás cada vez más cómodo y conectado.

Podríamos resumir todos estos beneficios para los asistentes en compartir, apoyarse, conectar e inspirarse para crecer juntos.

### 3.5. Recomendaciones para participantes

A continuación, te dejo varias claves que debes conocer antes de participar en tu primer Círculo.

### 3.5.1. Incomodidad

Si nunca has participado en un CHE o cuando lo has hecho te has sentido profundamente incómodo, tienes que saber algo muy importante: es normal.

Te he contado que a mí me pasó lo mismo y que muchos de los Facilitadores más experimentados y de los participantes más asiduos pasaron también por ese proceso.

El Círculo puede ser un espacio incómodo, pero no dejes que esa incomodidad sea mayor que tu motivación por participar. Por el contrario, puedes usar esa incomodidad para indagar en qué es lo que la causa y así aprender más cosas sobre ti y tu relación con otros hombres.

### 3.5.2. Barreras

Cuando vivía en Koh Phangan, recuerdo hablarle sobre los Círculos a un hombre de Chipre. Este mostró mucho interés. Cada vez que me lo encontraba me compartía un gran entusiasmo. La primera semana no pudo venir porque la moto se le estropeó justo cuando salía hacia el Círculo. La segunda conoció a una mujer increíble en la playa un par de horas antes de venir. La tercera tenía visita. La cuarta no se encontraba bien. Cada vez que me lo encontraba, él me mostraba su interés por participar.

Esta situación que le pasaba al chipriota nos ha pasado a todos de una u otra manera. Excusas que aparecen para no comprometerse.

Recuerdo uno de los primeros Círculos en los que participé en la ciudad de Valencia. Justo antes de que fuera la hora para salir, comenzó a llover y pensé: «Pues no voy; no me quiero mojar». A última hora me di cuenta de lo que estaba haciendo; entonces, agarré un paraguas y salí corriendo. Fue un Círculo que aún recuerdo por su profundidad y por los hombres a los que conocí.

### 3.5.3. Recuerda la energía

No importa en cuántos Círculos hayas participado; la sensación que te compartí en el punto anterior puede repetirse antes de cada oportunidad que tengas de participar en uno de estos espacios sagrados. Hay un truco que a mí me ha servido: cuando termines un Círculo, pon conciencia en cómo te sientes, observa cómo has vivido esos minutos en compañía de otros hombres y conecta con tu «para qué» (que ya hemos trabajado antes). Esto te servirá para romper cualquier barrera que venga para boicotearte.

### 3.5.4. El Círculo como laboratorio

No hay ninguna duda de que el Círculo es un espacio diferente a los que sueles frecuentar. Se trata de un espacio sagrado y seguro, y por eso podemos usarlo como laboratorio.

¿Qué pasaría si contaras ese asunto que tienes guardado hace años? ¿Qué ocurriría si muestras tu «sombra» (ver glosario)? En este espacio puedes mostrar esa parte de ti que te da miedo enseñar al resto del mundo.

Además, puedes cambiar los roles que usas normalmente. Quizá en tu vida eres el *calladito, o el hablador, o el bromista.* ¿Qué tal actuar de una manera distinta? Si normalmente dejas hablar a todo el mundo, prueba a tomar la palabra el primero. Si por el contrario, siempre te acuestas en la palabra, prueba a callarte y escuchar. Y así puedes experimentar con las maneras que tienes de actuar y ver cómo te sientes. Esto te puede servir para encontrar tu autenticidad real.

### 3.5.5. Sentir emociones

Puestos a vivir nuevas experiencias, déjame hacerte un par de preguntas: ¿Cuándo ha sido la última vez que has llorado en público? La mayoría de hombres tenemos un bloqueo de lágrimas, nos cuesta mucho llorar y eso trae consecuencias. Si este no es tu caso, ¡enhorabuena! ¿Qué pasaría si conectaras con la tristeza en un Círculo y te permitieras llorar delante de ellos? ¿Cómo te hace sentir esto? Lo mismo puede ocurrir con la rabia: ¿Y si pudieras mostrar tu rabia de una manera consciente y dentro de un espacio seguro?

### Ejercicio

Para reflexionar sobre este tema, te voy a proponer que saques tu cuaderno y que comentes sobre los siguientes asuntos:

➢ ¿Cuándo fue la última vez que lloraste? ¿Lo has hecho en público?

➢ ¿Cómo gestionas la ira y la rabia?

➢ ¿Cuántas emociones puedes identificar que hayas sentido hoy? ¿Y durante la última semana?

➢ ¿Cómo actúas cuando aparece una emoción incómoda?

➢ ¿Qué mecanismos tienes para eludir estas emociones? ¿Porno, alcohol, tabaco, comida, ejercicio…?

### 3.5.6. Siempre hay trabajo por hacer

Si ya llevas un tiempo en esto, seguro has experimentado alguna vez esa sensación de sentir que ya está, que ya hiciste el trabajo y que ya no necesitas más.

Quiero compartir contigo que este tema de ser un hombre consciente no es un proceso que termine nunca. Siempre habrá una capa más que pelar, una sombra a la que darle luz, una nueva enseñanza que aprender y, al contrario de lo que podrías pensar, eso es algo bueno. Mi pensamiento es que a eso venimos a este mundo, a evolucionar, a crecer como personas, a ser mejores hombres, y esa tarea es para toda la vida, así que disfrútala. Si te has separado un tiempo del camino, no importa, puedes volver y retomar por donde te quedaste; seguro que habrá un grupo de hombres esperándote, y si no, pues lo puedes crear tú. Tienes todo lo que necesitas en este libro. Por eso, este proyecto se llamó Hombres Evolucionantes, porque es una acción y un proceso que siempre puede seguir avanzando.

### 3.6. Beneficios para los facilitadores

Organizar este tipo de eventos tiene amplios beneficios para el organizador. A continuación, tienes algunos destacables:

### 3.6.1. Aprender a gestionar grupos

Facilitar y organizar Círculos de Hombres Evolucionantes te da la posibilidad de aprender a gestionar grupos. En esta actividad aparecerán innumerables desafíos. El hecho de enfrentarse o de exponerse a un grupo de hombres hará que te plantees algunas cosas personales y que desarrolles tus dotes de liderazgo para ti mismo y con otras personas. De hecho, al leer este libro, ya estás indagando en asuntos que quizá nunca antes habías prestado atención.

En mi caso, tenía muy claro desde siempre que quería compartir lo que aprendía y organizar talleres, retiros u otras actividades. Hacer un Círculo semanal me sirvió muchísimo para soltarme, para darme cuenta de que tenía conocimientos y experiencias abundantes que podían aportar a otros.

Al principio, tomaba un rol muy pasivo, en el que prácticamente no hacía nada más que organizar el espacio y la logística. Sin embargo, poco a poco, conforme iba practicando, ganaba en confianza y empecé a gestionar el grupo, medir los tiempos y saber cuál era la mejor opción en cada momento. La experiencia no se improvisa y la irás ganando con el tiempo y la práctica.

### 3.6.2. Crecer como hombre

Uno de los efectos más positivos de organizar este tipo de encuentros es todo lo que aprendes y todo lo que puedes llegar a crecer como hombre y como persona. Regalarte y compartir con otros un espacio como este, consciente, para profundizar en temas tan importantes, es como hacer un máster del ser humano; en este caso, de lo que quiere, siente y experimenta un hombre en su vida.

Para mí, hubo sin duda un antes y un después en mi vida con este asunto. El hecho de pasar horas y horas escuchando y hablando con hombres ha sido una de las acciones que más me ha hecho crecer en esta vida. Además, he tenido la suerte de organizar infinidad de Círculos en Koh Phangan, Tailandia, una isla que recibe una gran cantidad de buscadores espirituales y personas interesadas en su desarrollo personal, sexual y espiritual.

Tener la posibilidad de escuchar a hombres con mucha más experiencia que yo, de conocer sus desafíos y las soluciones que proponían, me ha dado muchos recursos que después he utilizado en mi propia vida e incluso con mis clientes.

### 3.6.3. Aprender a escuchar

Una de las cosas buenas del Círculo es que te permite tener una actitud activa, al hablar, compartir y explicar tu proceso. Además, te permite también tener una actitud pasiva. Bueno, en realidad no sería pasiva, sería de escucha activa.

Para escuchar a otros con presencia, debes desapegarte por un momento de tu ego, de tus necesidades; y cuando lo consigues, es una experiencia maravillosa.

Para mí, este ha sido uno de los mayores aprendizajes. Recuerdo cuando hice un curso de comunicación aplicada en el que elaborábamos un discurso. Me pasaba horas y horas preparándome en mi mente mientras mis compañeros daban sus discursos. ¡Una falta total de respeto y una muestra de egoísmo tremenda! Por suerte, conseguí verlo y conectar con los mensajes de mis compañeros.

En los Círculos al principio me pasaba igual; todo el tiempo estaba pensando en lo que iba a decir. Felizmente, con un poco de práctica, aprendí a escuchar con el corazón abierto.

Recuerdo que, durante los primeros Círculos, todo el tiempo quería coger el bastón de palabra; cada vez que alguien hablaba, yo tenía algo que decir, una experiencia, un consejo. Poco a poco, aprendí a morderme la lengua, a escuchar sin estar buscando la solución, sin estar pendiente de mí, sino de la otra persona, ofreciéndole el espacio para expresarse.

### 3.6.4. Aprender a hablar desde el corazón

Estamos muy acostumbrados a que hable la mente, a analizar y reflexionar todo lo que vamos a decir. El Círculo es una oportunidad ideal para hablar desde el corazón, para decir lo que sientes y no lo que crees que sientes.

La situación de no poder preparar un discurso hace que cuando eres el centro de atención tengas que decir lo que realmente pasa por dentro, y el hecho de estar en un espacio seguro puede hacer que expreses tu verdad.

Muchos hombres se pasan la vida haciendo el discurso que es políticamente correcto, no vaya a ser que alguien se ofenda: su mujer, su madre, su familia, su hermano o su jefe. En el Círculo puedes hablar de lo que sientes, de tus deseos, de lo que anhelas, o de lo que te enfada, teniendo la certeza de que este es un espacio seguro en el que nadie va a utilizar nada en tu contra.

*La vulnerabilidad es exponerte y ser visto. Es difícil hacerlo cuando estamos preocupados sobre lo que la gente podría ver o pensar.*

Brene Brown

### 3.6.5. Autoobservación

Sentarte en un Círculo en el que todos son iguales (donde uno guía) es una experiencia muy importante de autoobservación. Permite darte cuenta de qué es lo que juzgas en otros, de qué temas quieres hablar y qué temas no quieres hablar. Escuchar las experiencias de otros te sirve para analizar las tuyas propias. El camino de los demás puede servir de inspiración o incluso para darte cuenta de lo que no quieres en la vida.

### 3.6.6. Cambiar patrones y arriesgarse

Hay personas en los Círculos que toman una actitud pasiva, de no querer hablar. Para ellos, el Círculo es una oportunidad de arriesgarse, de ponerse en el punto de mira, de mostrarse. Hay personas que nunca han tenido la posibilidad. Hay otros que siempre quieren ser el centro de atención y en el Círculo tienen la posibilidad de adoptar un rol diferente. Si eres de este tipo, puede ser una labor terapéutica para tu ego estar presente para tus compañeros sin necesidad de estar en el centro de la acción.

### 3.6.7. Conectar con otros hombres como tú

Si estás leyendo este libro, es bastante posible que en algún momento de tu vida hayas tenido la sensación de que la gente que estaba a tu alrededor o que los hombres con los que compartías no estaban en la misma frecuencia que tú. Cuando una persona evoluciona, a veces ocurre que dejas de sintonizar con los que te rodean. Organizar un Círculo de Hombres te puede ayudar a atraer a hombres que están en tu nueva frecuencia. Además, compartiendo cosas tan profundas y personales se crea rápidamente una conexión muy fuerte, algo que va de alma a alma. Cuando alguien se muestra vulnerable es mucho más fácil acercarse al corazón de esa persona. Ya no te harán falta años de amistad: cuando vas a la esencia y compartes desde lo más profundo, se puede conectar muy rápido con otra persona y encontrar a hombres que te acompañen en tu proceso.

### 3.6.8. Aprender de otros

El observar a otros hombres, ver las características y los valores que tienen y que en ti te gustaría mejorar, pueden ayudarte a conseguirlos por imitación. Ocurre lo mismo desde las cosas que no quieres: cuando escuchas a alguien contando una historia con la que no resuenas o que incluso te produce rechazo, es una buena prueba para saber cuál es el camino que tú no quieres seguir, qué tipo de hombre no quieres ser.

Algunos de los hombres que más me han inspirado los he conocido en Círculos; con algunos de ellos trabajo ahora, a otros los sigo y otros se han formado conmigo. Para mí, estos espacios han sido fundamentales para entender qué tipo de hombre quiero ser y contemplar ideas que nunca había pensado sobre relaciones o la sexualidad.

### 3.6.9. Responsabilidad

Un Círculo de Hombres es el lugar perfecto para comprometerte con algo, hacerlo contigo mismo y comprometerte delante de otros como tú. Hace cientos de años, los hombres se batían en duelo porque uno le había faltado el respeto a otro, lo que a veces suponía la muerte de uno de ellos. Quizá en estos tiempos no debamos llegar hasta ese punto, pero es muy importante hacer lo que decimos. Personalmente, me ha servido mucho para plantearme mi integridad como hombre, mi honestidad con mi palabra. El Círculo me ha ayudado a responsabilizarme de lo que ocurre en mi vida y de las cosas que hago, y todavía más aún, de las cosas que nunca llego a hacer aunque digo que lo haría.

### 3.6.10. Aprender a escuchar

Hay algo mágico que ocurre cuando por primera vez hablas frente a un grupo y todos están escuchándote, ninguno te interrumpe, nadie te pregunta o te discute algo. Es una sensación transformadora que calma la mente y nutre el alma. Desde mi experiencia personal, esta fue una de las cosas que más me aportó.

Yo vengo de una familia española bastante numerosa, en la que el sistema de comunicación solo tiene una dirección: hacia fuera. Todos hablan, pero escuchar no tanto. Eso me hizo tener la sensación muy a menudo de tener que luchar porque mi palabra fuera escuchada. Para mí, fue muy sanador presentarme ante un grupo de hombres y que todos me estuvieran escuchando con atención plena y poder ofrecerle un espacio así a otros hombres.

### 3.6.11. Recibir apoyo, no consejo

Hay algo mágico cuando compartes un problema, un desafío y alguien te dice: «Hermano, te entiendo». La mayoría de veces no hace falta nada más, no necesitas que nadie te solucione tus problemas, solo un poco de empatía.

Con frecuencia, en el día a día, cuando compartes algo que te ocurre con alguien, la otra persona siempre quiere solucionártelo. Es algo mágico compartir tu experiencia y escuchar vivencias similares en un ambiente que muestra empatía hacia la vulnerabilidad.

Siempre estás a tiempo de pedir un consejo y estoy seguro de que no van a faltar voluntarios para dártelo; también es algo que puedes hacer en un Círculo, si así lo deseas.

Yo he recibido consejos buenísimos de hombres muy evolucionados; consejos que me han ayudado a afrontar mis relaciones y mi vida de una manera mucho más consciente.

### 3.6.12. Hablar de otras cosas

Si estás leyendo este libro, probablemente estés cansado o, al menos, tienes la necesidad de hablar de otras cosas. Quizá te aburren las conversaciones de fútbol o hablar siempre de política y de cómo el mundo va por mal camino.

Un Círculo de Hombres es una oportunidad genial para hablar de asuntos más relevantes, de ti y de mí, no del resto del mundo.

Uno de los aspectos que menos me gusta de esta sociedad es que las conversaciones casi siempre son de otros, siempre echando balones fuera: lo que dice mi jefe, lo que está pasando con la corrupción del país o lo que pasó en el partido de fútbol. ¿Te has dado cuenta de cuánto le cuesta a la gente hablar de sí misma?

Los ambientes que más nutren son los que te hacen crecer y ahí es cuando hablamos de nuestro proceso, cuando tú y yo compartimos qué nos está pasando, aquí y ahora. ¿Qué estamos aprendiendo? ¿Qué desafíos estamos enfrentando? ¿Qué nos hace sentir incómodos? Ahí es donde se produce el verdadero aprendizaje.

### 3.7. Beneficios para el mundo

Ya hemos hablado de la situación por la que están pasando los hombres en este momento de la historia, hemos compartido algunos hechos que muestran el sufrimiento reprimido que hay y todos los resultados nocivos que vienen de él. Tengo la certeza de que los Círculos de Hombres Evolucionantes son una herramienta que podría cambiar el mundo.

Si hay algo que los hombres podemos hacer para transformarnos es compartir espacios de sanación con otros varones. Reflexionar sobre qué nos sirve y sobre qué cosas queremos cambiar de nosotros y de la manera en la que nos relacionamos con el resto del mundo.

Los Círculos de Hombres son como un virus, pero este infecta amor, empatía, sensibilidad y masculinidad consciente.

Me gustaría compartir contigo algunos de los cambios que pasarían si todos los varones pudieran ir a un Círculo de Hombres.

### 3.7.1. Cero violencia contra las mujeres

Gran parte de la violencia que ocurre en el mundo contra las mujeres viene de la frustración y el miedo de los hombres, de la imposibilidad de compartir, de haberse creído que tenemos que hacerlo todo y hacerlo solos. Viene de mucha rabia contenida y de la imposibilidad de encontrar espacios conscientes en los que conectar con ella. Compartir un espacio como este libera a los hombres de mucha presión y hace que sus vidas sean más llevaderas y más fácilmente gestionables. Un hombre más conectado con su vulnerabilidad, sus emociones y que tiene un círculo de apoyo para sobrellevar los momentos difíciles será, con seguridad, menos proclive a usar la violencia en su vida.

### 3.7.2. Hombres más conscientes = mundo más sano

El mundo está regido por un masculino inconsciente e inmaduro. Este mundo potencia valores como la competitividad, el egoísmo, la individualidad o la ambición sin límites. Los Círculos de Hombres trabajan el crecimiento de consciencia de los hombres. Y esto, estoy convencido, tendría como resultado un mundo con más compañerismo y menos competitividad, con más sentimiento de grupo y menos individualismo, con una ambición de construir algo que sea mejor para todos y que incluya a cada uno de los seres.

### 3.7.3. Mundo más emocionalmente responsable

Los Círculos ayudan a los hombres a ser más responsables de sus emociones. El primer paso es ser consciente de lo que estás sintiendo. El segundo, hacerse responsable de eso. El tercero, elegir qué hacer con la emoción, dejarla ocurrir y cómo utilizarla en tu propio beneficio. Además, hablando de emociones, los hombres podemos aprender un poco más de vocabulario emocional que, en muchas ocasiones, se reduce a bien o mal.

Un mundo con hombres emocionalmente responsables afectaría una vez más al nivel de violencia y de conflicto que hoy en día ocurre en el planeta, reduciéndolo de manera significativa.

### 3.7.4. Más comunidad

Pertenecer a un Círculo de Hombres Evolucionantes te da la certeza de que habrá alguien ahí para ti, durante el Círculo o después, si se crean las suficientes conexiones como para que el proceso sea continuado.

Tener apoyo de alguien con quien poder compartir elimina del hombre la tensión de pensar que tiene que resolverlo todo por sí mismo, de no poder con esa presión y lanzarse al vacío en forma de alcohol, drogas, prostitución o cualquier otro hábito que deja sin poder a este hombre.

Recuerdo una ocasión en la que la chica con la que estaba saliendo se fue con otro. Además, este era un amigo mío. Lo primero que pensé cuando me lo dijo es que al lunes siguiente tendría la posibilidad de compartirlo con mis compañeros de Círculo; eso me hacía sentir fuerte.

Recuerda el ejercicio anterior que te recomendé para encontrar tu «para qué». Si aún no lo has hecho, te recomiendo que lo hagas antes de pasar al próximo capítulo, en el que ya vamos a aprender cómo se facilitan los Círculos.

## Testimonio

### Paco, Barcelona, España, 50 años, Facilitador CHE

Hay cosas que solo entre nosotros podemos sanar.

Conocí a Francisco en un festival de verano del año 2016, de crecimiento personal, donde él facilitaba un Círculo de Hombres. Aún recuerdo la emoción de haber encontrado un lugar donde los hombres abríamos el corazón. Tanto me conmovió que, al volver a Barcelona, decidí abrir mi propio Círculo.

Al año siguiente, me apunté a la formación de Facilitador de Círculos de Hombres Evolucionantes. Recuerdo que, durante los Círculos *online* que se imparten durante la formación, abrí una memoria de mi primera experiencia sexual a la edad de trece años con una mujer de veintiocho. Siempre me lo había contado como un éxito y siempre se lo he contado a mis amigos como un triunfazo... Ahora ya sé que fue un abuso, que en verdad mi ego se lo montó para hacerme creer que eso estaba bien. La verdad es que sentí mucha vergüenza cuando ella salió de la habitación.

Ahora puedo entender mejor mi recorrido sexual y emocional. Me parece increíble cómo conseguí tapar esa vivencia de vergüenza y contármela como un éxito. Me parece increíble, también, cómo esa memoria corporal se destapó a la verdad cuando escuché a otros hombres... Supongo que, por fin, al escuchar a otros hombres que habían pasado por algo parecido, me di el permiso de reconocer que salí traumatizado de esa experiencia.

Qué gracia que fue en un Círculo de Hombres y no en una terapia, y que, además, fuera *online*. ¡Qué maravilla!

Poco a poco, juntos, podemos transformar nuestros *introyectos* y nuestra estructura, apoyándonos e inspirándonos entre nosotros.

Ahora estoy consagrado a crear espacios seguros para todos los hombres que estén interesados en mejorar como seres humanos y en construir un mundo nuevo.

Te animo a que encuentres tu Círculo, donde sientas que encajas, y que emprendas un bonito viaje en compañía de otros hombres, o quizá crear tu propio Círculo.

Estamos felices y satisfechos porque cada vez más y más hombres se interesan por su crecimiento personal, por la espiritualidad y por avanzar por el camino del Hombre Evolucionante.

Apenas estamos comenzando, pero estamos convencidos de que esta es la manera en la que podemos contribuir con un cambio real, con un mundo más justo, más amoroso y más consciente.

## 4. ¿CÓMO HACER EL CHE?

*El propósito es el punto de partida de todo logro.*

W. Clement Stone

Ya hemos visto qué es un CHE, por qué lo hacemos y sus beneficios. Ya sabes para qué lo quieres hacer. Así que ha llegado el momento de meterse en lo más importante: el cómo hacerlo.

Si tienes claro que no quieres organizar un Círculo de Hombres, puedes saltar directamente al final de este libro para leer las conclusiones y dejar la parte del cómo para cuando te surja la motivación. Si aún tienes curiosidad por saber qué pasa en estos espacios o tienes claridad y quieres liderar pronto tus propios Círculos, los próximos capítulos te van a dar todo lo que necesitas para conseguirlo, con tranquilidad y disfrutando del proceso. Voy a compartir contigo lo que hemos aprendido, con la experiencia de los facilitadores formados en Hombres Evolucionantes, y la mía, a base de esfuerzo y dedicación para que, ojalá, sea un poco más fácil para ti.

En este capítulo vas a leer sobre algunas decisiones que hay que tomar antes de formar un CHE, decisiones muy importantes que tienen que ver con tu «para qué». Podrás descubrir cómo encontrar hombres, que es probablemente una de las claves de las funciones de un Facilitador y uno de los mayores desafíos.

Porque te recuerdo algo: un CHE sin hombres es más bien aburrido. Yo los he tenido y no es lo más entretenido, así que te voy a dar algunos *tips*, algunos trucos para encontrar a más gente y algunas opciones que tenemos para conseguirlo juntos. Luego descubrirás la logística y dónde se puede hacer. Después, compartiré contigo cómo estamos creando comunidad y de por qué se llaman CHE, **Círculos de Hombres Evolucionantes**.

No esperes más y vamos; sigue adelante, que hay que empezar con los Círculos de Hombres ya. ¡Vamos!

### 4.1. Tomando decisiones sobre el CHE

Lo primero que tenemos que hacer es recordar tu «para qué». Céntrate en él, busca tu cuaderno y léelo varias veces. ¿Recuerdas las preguntas que contestamos en el capítulo del «para qué»? Quizá es el momento de revisar tu cuaderno y reflexionar, puede que hasta algunas cosas hayan cambiado desde que empezaste a leer este libro.

¿Para qué son esos CHE? ¿Para qué quiero ser Facilitador? ¿Para qué quiero facilitar esos espacios? Piénsalo durante algunos segundos, reflexiona. Te digo esto porque las decisiones que tienes que tomar tienen mucho que ver justamente con tu motivación para facilitar Círculos.

#### 4.1.1. ¿Abierto o cerrado?

La primera decisión muy importante es: ¿Quieres un Círculo abierto o un Círculo cerrado?

Un **Círculo abierto** es aquel en el que cualquier hombre puede participar. Estás creando un espacio y todos pueden acceder. Su gran ventaja es que te permite conseguir visibilidad. Su problema, que cuesta más a la hora de organizar, porque una semana pueden participar veintidós hombres y otra semana te vienen cero. Esto es literal. A varios Facilitadores certificados y a mí nos ha ocurrido. Con un Círculo abierto das la posibilidad a cualquier hombre con curiosidad a participar del espacio, aun si no tiene un nivel de compromiso muy grande, si está de paso o si nunca antes ha estado en un Círculo.

En un **Círculo cerrado** asisten solo unos elegidos, que tienen la motivación de acudir a cada Círculo. Requiere de un compromiso mucho mayor. Lo bueno de esto es que te da la posibilidad de mucho crecimiento. Se puede llegar más profundo, hay más facilidad para organizarlo. Lo malo es que hay mayor dificultad para conseguir a la gente. Encontrar a hombres comprometidos con un Círculo y que vayan a acudir a cada reunión puede ser difícil, pero no es imposible. Yo, durante varias temporadas en Koh Phangan, tuve Círculos cerrados en los que éramos entre cinco y siete hombres, y eso tiene un valor incalculable. Te empiezas a conocer y en cada reunión te puedes atrever a mostrar partes de ti más profundas y escondidas.

Si lo que quieres es practicar la facilitación, lo ideal es mantenerlo abierto, así tendrás más opciones, experiencias diferentes, es más variado y, además, estás dando un servicio, creando un espacio para que más hombres puedan participar.

También se podría hacer mixto, un núcleo duro que se va repitiendo y abierto a la incorporación de otras personas. El beneficio del Círculo mixto es que te permite captar nuevos hombres que mantengan la energía del Círculo sana y con entusiasmo. Lo malo del mixto es que los nuevos puedan sentirse excluidos, porque quizá no entiendan las bromas internas o tengan la sensación de llegar a algo ya cerrado anteriormente; tendréis que hacer un esfuerzo por incluir a los nuevos. Para los que ya forman parte de él puede ser incómodo tener que explicar cada vez los protocolos y acuerdos.

Mi experiencia personal en Círculos abiertos fue muy enriquecedora. Durante tres años facilité estos espacios cada semana. En algunas épocas hasta dos Círculos cada siete días, apoyando a hombres que estaban pasando momentos difíciles. Me trajo mucha información el poder interactuar con tantos hombres diferentes y ver la manera en la que conectaban con el Círculo.

La experiencia en el grupo cerrado fue de mucho crecimiento personal, tanto como participante como facilitando. Llegamos a lugares muy profundos y se creó una camaradería tremenda al compartir cada semana con el objetivo de evolucionar.

Sea cual sea la decisión que vayas a tomar, es bueno que esta sea aceptada por los participantes del grupo, pero puede ser también que la decisión final la tomes tú como Facilitador. Si es un grupo cerrado, es bueno que se pueda plantear esta decisión y elegir entre todos qué se hace.

### 4.1.2. ¿Quién facilita?

Cuando creé la Formación *Online* para Facilitadores CHE, lo hice pensando en el rol de Facilitador, y a día de hoy puedo ver que fue un acierto. Es un rol necesario cuando empieza un Círculo. Si tú quieres estar en un Círculo y no lo encuentras, puedes crearlo tú mismo. Practica, comprométete y sé un líder que toma decisiones. Tendrás que echar mano de tu fuerza de voluntad. Quizá te puedes sentir solo, pero para eso existe **Hombres Evolucionantes**. Más adelante te hablaré de cómo te podemos acompañar en tu camino como Facilitador. Si quieres saber más, entra en el *link* para descargar los recursos y participar en la clase *online*.

> http://hombresevolucionantes.com/lector-che

Existe la opción de que el nacimiento de un Círculo fluya y que la responsabilidad sea compartida entre varios. Si es así, ¡genial!, ¡disfrútalo!, pero en la mayoría de ocasiones es muy bueno que haya un responsable que lidere.

Cuando los hombres ya tienen un nivel de compromiso grande y saben de la riqueza que supone participar en estos espacios, es más fácil que se pueda organizar de manera más orgánica y rotativa y, por ejemplo, que en cada reunión uno tenga tareas diferentes.

Otra opción, si estás en una zona donde hay varios Facilitadores, es facilitar en pareja. Esto sirve para compartir las responsabilidades y la presión; el compromiso es más fácil porque sabes que si una semana tienes un viaje, puedes delegar en la otra persona.

Durante un par de temporadas, en Koh Phangan, tuve la suerte de experimentar este modelo con mi «bromance» Alexander (ver glosario). Cada uno facilitaba una semana y luego nos dábamos retroalimentación. Eso fue una experiencia muy enriquecedora. Yo facilitaba el Círculo y luego Alexander me decía: «Aquí creo que cortaste mucho», «Este se extendió demasiado y no dijiste nada», etc. Era muy potente para ver cosas de las que yo no había sido consciente durante el Círculo.

En aquel momento empezamos a hacer los Círculos por donación. A la hora de pedir el dinero, uno ponía el *magic hat* (el sombrero que usábamos para que dejaran el dinero) y nos dábamos *feedback* de cómo lo habíamos pedido, pues ambos teníamos un bloqueo con ese tema. Veíamos cómo con ese *feedback* cada vez iba mejorando nuestra manera de facilitar y de pedir esas donaciones.

El tema de rotarlo es muy bueno si el Círculo es cerrado. Así, en cada reunión, la responsabilidad de organizar e incluso de encontrar el espacio recae sobre uno de los miembros. Esto ayuda mucho a la responsabilidad personal de cada uno.

Quizá, a estas alturas, piensas que tú no tienes lo que hace falta para ser un Facilitador. Me voy a permitir cuestionarte esto. Si estás leyendo este libro, ya tienes varias cosas muy importantes, como son la curiosidad y el compromiso: estás invirtiendo tu tiempo, dinero y energía en aprender sobre esto, y eso es más de lo que tiene el 99,9% de los hombres del mundo.

Dice Jack Donovan, en su libro *The way of men*: «No necesariamente el hombre más fuerte será el que lidere; es el hombre que toma el liderazgo el que dirige».

El liderazgo es algo que se puede aprender y que, como el resto de cosas del mundo, se aprende practicando. El Círculo es un ambiente perfecto para conseguir esa experiencia sin presión.

Además, desde Hombres Evolucionantes te estamos apoyando con este libro, y si así lo deseas, te abriremos la puerta para que te unas a la comunidad de Facilitadores CHE.

### 4.1.3. ¿Gratis o de pago?

Si ya tenemos claro que será un Círculo cerrado, abierto o mixto, si lo facilito yo o si hay rotación, la siguiente decisión importante que hay que tomar es si el Círculo es gratis o de pago.

El dinero es una forma de compromiso y nos va a ayudar mucho.

Si el Círculo es gratis, no habrá barrera de entrada. Esto tiene su parte buena y su parte mala. La positiva es que cualquiera podrá participar. La negativa es, también, que cualquiera podrá participar. Puede ocurrir que alguien llegue sin saber realmente lo que es, o que se vaya a mitad del Círculo, o que no se lo tome en serio.

Si cobras te aseguras de que hay cierto nivel de responsabilidad con los participantes. Lo queramos o no, el dinero es una energía de compromiso. Si tengo que pagar por algo, me lo pienso más; y si decido hacerlo, seguro me lo tomaré con más seriedad.

Si cobras por anticipado, sabes que hay más probabilidades de que los hombres acudan a la cita. Puedes cobrar por un mes, o por un trimestre o por cada encuentro. Si tú tienes ese dinero de antemano, tienes la palabra de las personas que sabes que van a acudir y, además, tú también tienes un compromiso adquirido.

Pasa algo con el dinero: cuanto más paguen, más valor le van a dar al Círculo. Hacerlo de manera gratuita puede ser una buena decisión al principio, te sirve para dar a conocer el Círculo, para practicar y para ir ganando confianza al ver el valor que aportan estos espacios.

Se puede hacer algo mixto también en el que la primera semana van gratis y luego se paga.

Puedes pedir la voluntad, o sea, que cada cual pague lo que quiera, o que se paguen los gastos de alquiler del local.

Otra opción es hacer un Círculo *on-line*, del que hablaremos más adelante.

Estas son las decisiones que vas a tomar de momento. Habrá más en un futuro, pero está bien que empieces a pensar en estas cosas para cuando organices tu Círculo o, si ya lo tienes, para que pienses qué estás haciendo con estos asuntos.

### 4.1.4. ¿Círculo *online* o Círculo presencial?

Como todo en la vida, cada tipo de Círculo tiene sus pros y sus contras. A continuación, te dejo algunas ventajas e inconvenientes que hemos detectado en nuestra experiencia con cientos de Círculos en ambos formatos.

### 4.1.4.1. Beneficios del Círculo presencial

**Te puedes abrazar**: el contacto físico entre hombres es algo que ayuda mucho a crear conexiones reales y profundas.

**Dinámicas corporales**: es más fácil proponer dinámicas para ayudar a los hombres a bajar al cuerpo.

**Leer la energía**: es más sencillo sentir el espacio de manera presencial, saber cuándo es bueno cambiar la energía, proponer una dinámica o cortar a un compañero.

**Lenguaje no verbal**: la mayor parte de lo que decimos no se expresa con las palabras. Cuando puedo ver a los compañeros, tengo más información de los procesos que están viviendo.

**Es más fácil mantener la presencia**: cuando se crea un espacio sagrado, es más fácil conseguir la presencia completa y no caer en distracciones.

La facilidad para crear vínculos que trasciendan el Círculo y compartir otros eventos con los compañeros de Círculo.

### 4.1.4.2. Desventajas del Círculo presencial

—Necesitas un espacio físico, sala o habitación tranquila.

—Tienes que desplazarte geográficamente.

—Aparecen más excusas para no asistir.

—Exige de más preparación por parte del Facilitador.

—Solo pueden acudir los que estén cerca.

### 4.1.4.3. Beneficios del Círculo *online*

**Ventaja geográfica**: muchos hombres viven en lugares remotos, o por diferentes limitaciones no pueden salir de casa. Además, ahora es muy fácil conectarse con el ordenador o el móvil y participar de un Círculo.

**Restricciones de movilidad:** en los últimos tiempos hemos vivido situaciones impensables, como la limitación de salir a la calle. Estos Círculos nos permiten seguir disfrutando de la energía de manera virtual, sin tener que usar tiempo para desplazarse.

**Desde diferentes lugares:** es muy bonito poder estar en un Círculo con gente de varios países e incluso continentes. Nos sirve para tender puentes entre España y América y para acompañar a hispanohablantes que están en otros lugares del mundo.

**Pocas herramientas:** solo necesitas un software para reuniones online, por ejemplo, Zoom, y tienes espacio para muchos hombres.

**Fácil organización:** logísticamente, solo hay que abrir una sesión de Zoom y esperar a que los hombres se conecten.

### 4.1.4.4. Desventajas del Círculo *online*

—Problemas tecnológicos como la caída de la red de Internet, mala conexión, dificultades con el audio, etc.

—Pérdida de control sobre lo que está pasando.

—Mayor dificultad para estar presente y posibilidad de distracciones.

—No hay contacto físico.

Mi experiencia en los Círculos comenzó de manera presencial, facilitando más de cien Círculos en la terraza de mi casa en Tailandia. Aprendí a leer el cuerpo de los hombres, a permitir los silencios, a dar abrazos muy largos. Unos meses después de comenzar con los Círculos, participé en un curso *online* llamado School for Men. En este curso participé en mis primeros Círculos *online*.

La primera formación de Facilitadores CHE la hicimos pensando en que pudieran facilitar espacios presenciales, y así lo hicieron durante años, pero lo más sorprendente fue lo que ocurrió con los primeros Círculos *online* que facilité con motivo de esa primera edición del curso: todos los alumnos y yo nos sorprendimos muy gratamente del nivel de profundidad y presencia que se podía alcanzar de manera virtual; es como si se creara una energía que trasciende las pantallas y que conecta a todos los hombre, sin importar que estén a miles de kilómetros de distancia.

En marzo de 2020 se desató la pandemia del Covid-19. Muchos países tomaron medidas muy restrictivas que, en casi todos los casos, no dejaron salir a la calle a las personas durante varias semanas o meses. Desde Hombres Evolucionantes nos dimos cuenta de que se trataba de un momento de la historia muy difícil. En particular, muchos hombres estaban sufriendo. Acostumbrados a salir al bar, ir a ver el fútbol o hacer ejercicio, de repente, todas estas actividades estaban prohibidas y solo podían quedarse en casa. En algunos casos, en ambientes difíciles u hostiles.

Por eso, decidimos hacer una campaña para facilitar Círculos de Hombres Evolucionantes *online*. Durante las siguientes semanas regalamos más de cien Círculos en los que participaron más de mil hombres. Muchos de ellos por primera vez tenían la oportunidad de conocer el poder del Círculo. Desde entonces ofrecemos de manera frecuente los CHE *online* gratuitos para que los hombres puedan tener una primera experiencia de la manera más sencilla. Si quieres información al respecto, puedes buscarla en la página de recursos:

http://hombresevolucionantes.com/lector-che

**Ejercicio**

Antes de terminar esta parte, escribe en tu cuaderno decisiones sobre tu Círculo. Estas se podrán ir cambiando con el tiempo.

—¿Quieres que sea abierto, cerrado o mixto?

—¿Vas a cobrar a los asistentes?

—¿Facilitarás siempre tú o será por turnos?

—¿Será *online* o será presencial?

En el siguiente capítulo te contaré cómo hacer un Círculo *online*.

## 4.2. Encontrando hombres. Promoción.

Ahora que ya has tomado algunas decisiones importantes para tu CHE, vamos a encontrar a los hombres. Este es para muchos el mayor desafío de todos, y si no sabes cómo hacerlo de manera correcta, puedes caer en la frustración y tirar la toalla.

Para montar un Círculo, lo único que necesitas respecto al número de personas es tres hombres. Si sois tres o cuatro, es suficiente para tener un Círculo. Un número muy bueno es entre ocho y doce.

El número de hombres asistentes va a ser muy importante, y todo tiene sus cosas buenas. Un Círculo de cuatro hombres con ganas de abrirse puede ser muy profundo y potente. Un Círculo con dieciséis, cincuenta o cien hombres es posible y es muy inspirador estar en presencia de tantos varones comprometidos.

Una forma muy buena de traer hombres a tu Círculo es contactar con los amigos de amigos. Las redes sociales. Así es como empecé yo: puse un post en un grupo de Facebook. Puedes buscar en tu ciudad un grupo de eventos conscientes; suele funcionar bastante bien. Intenta llegar a muchos hombres que puedan recibir la información.

Las mujeres son unas grandes aliadas de todo esto. Si no hubiera sido por las mujeres, yo habría tirado la toalla hace mucho tiempo. Las mujeres han sido las que más han apoyado a Hombres Evolucionantes. Desde el comienzo, cada vez que escribía un post, ellas compartían y comentaban: «Sí, es necesario este trabajo».

Con los Círculos vas a subir muchos puntos con tus amigas, porque ellas son plenamente conscientes de la necesidad que tenemos nosotros de estos encuentros.

Cuenta con tus amigas. Si hay mujeres que tengan un Círculo de mujeres, diles que vas a montar un Círculo de Hombres para que se lo digan a sus parejas, porque muchos hombres vienen, no empujados, pero sí con la sugerencia de sus mujeres. Hay que contar con eso y agradecer a las mujeres por su apoyo.

Pegar carteles puede ser una buena opción. Lo puedes hacer en tu zona, si hay algún club social, biblioteca, tiendas de comercio justo, agricultura ecológica o escuelas de yoga; este tipo de lugares son frecuentados por gente más consciente. Si quieres hacer un cartel, está bien; y si entras en nuestra comunidad, puedes usar las plantillas de Hombres Evolucionantes que regalamos a los Facilitadores que se certifican con nosotros.

### 4.3. Las excusas de los hombres para no ir al Círculo

Los Círculos son, como estamos viendo, un espacio muy nutritivo para cualquier hombre consciente. Sin embargo, pueden surgir muchas objeciones antes de querer participar. En el siguiente epígrafe te contaré algunas de esas excusas.

Algo en lo que yo caí —y me gustaría que tú no cayeras— es en obligar a gente a la que no le interesa asistir. Cuando empecé con esto, obviamente les decía a mis amigos: «Tienes que venir al Círculo». Me pasaba el tiempo intentando convencer a la gente y eso, en mi caso al menos, no funcionó. No funciona. Es más productivo invertir esa energía en buscar a los hombres que puedan estar interesados y no en convencer a los amigos que no tienen ningún tipo de interés. Es muy fácil verlo. Cuando tú digas: «Círculo de Hombres», vas a ver la respuesta. Unos se cerrarán y otros mostrarán interés.

A esos que te digan: «Cuéntame más», adelante con ellos. Al que te diga que es una «mariconada» o que a él no le hace falta, sin problema, ¡no hace falta convencer a nadie!

Las excusas más frecuentes que he escuchado son:

—Ese debe ser un espacio para gais y yo no lo soy.

—Yo no tengo nada que contar a esos hombres que no conozco.

—No tengo tiempo, estoy demasiado ocupado.

—Yo ya tengo muy buenos amigos.

—Prefiero ir a ver el fútbol con mis colegas.

—No necesito que me digan qué es ser un hombre.

—Eso es una secta.

—No me gusta que se excluya a las mujeres.

Todas estas excusas son aceptables, y como ya te he dicho, no se trata de convencer a nadie. Cada hombre tiene su camino y sabrá si este trabajo le llama la atención o no.

Desde mi experiencia te digo que varios hombres que en primera instancia rechazaron la propuesta, más adelante, acabaron participando de los Círculos. Así que también hay que tener paciencia y dejar que cada uno viva su proceso.

En el libro de Clay Boykin, *Circles of Men*, se hace la pregunta: ¿Qué hay en el corazón de un hombre? La respuesta que encuentra Clay es: «Como hombre, solo tú conoces la verdad, y es muy probable que protejas lo que hay en el centro de tu ser de otros hombres y quizá también de otra mujer o de la pareja de tu vida. Pero es dentro de tu corazón donde tus preguntas más profundas se quedan sin respuesta.

El miedo a sentirme vulnerable y la vergüenza nos impiden conectar con otro hombre, pero es solo cuando abrimos el corazón que estas cuestiones encuentran respuesta».

## 4.4. Lo que necesitas. Logística y elementos

### 4.4.1. Espacio tranquilo

Lo primero que necesitarás, si se trata de un Círculo presencial, es un espacio silencioso y que haga sentir seguros a los hombres que vayan a participar. Que no haya gente pasando cerca, porque es muy difícil mantener la presencia y abrirse cuando hay personas ajenas escuchando. Que sea un espacio tranquilo. Puede ser un salón de yoga que alquiles o te cedan, en la naturaleza o una sala en la casa de alguno de los miembros.

### 4.4.2. El bastón de palabra

Este elemento se ha utilizado durante miles de años en muchos Círculos en las sociedades ancestrales. Es un símbolo que da el poder de la palabra a su portador.

Puedes utilizar cualquier cosa, ojalá un objeto bonito, algo de madera que cada uno de los participantes pueda decorar con un toque personal o, a falta de esto, puedes echar mano de la imaginación.

### 4.4.3. Comodidad

Necesitas formar un Círculo en el que todos se puedan mirar a la cara, con cojines o con sillas. A mí me gusta utilizar el suelo, porque le da un toque diferente a una conversación de un bar. Quizá para varones más adultos o con menos flexibilidad, puede ser un suplicio pasarse dos horas sentado en un cojín. Recuerda que buscamos comodidad.

Sin embargo, no es bueno dejar a la gente que se tumbe demasiado. Mantener una postura vertical nos va a permitir escuchar mejor y estar presentes.

### 4.4.4. Espacio sagrado

Se puede decorar, utilizar velas, inciensos, una estatua de Shiva, o de Buda o de Jesucristo, en medio. Es muy importante tener un espacio limpio y ordenado. Ten en cuenta que estamos creando un entorno sagrado y muchas veces la forma ayuda a creer que realmente estamos en un espacio así. Piensa que estás creando un templo de la masculinidad, y si no estás muy inspirado con eso, pide a los participantes que traigan un objeto personal de poder o que le tengan cariño para poner en el centro en forma de altar.

### 4.4.5. Sin distracciones

Muy importante antes de empezar: debemos reducir lo que nos pueda hacer perder la atención. Hoy en día, el mayor foco de distracciones tiene que ver con los teléfonos móviles. Lo mejor es mantenerlos apagados, en modo avión o en silencio, para que no puedan interrumpir la acción. Obviamente, si alguien está pendiente de recibir una llamada muy importante, puede dejarlo activo, pero lo mejor es tenerlo desactivado y fuera de alcance. Muchos de nosotros tenemos una adicción al móvil incontrolable, y para facilitarnos la cosa, lo mejor es no tenerlo al alcance de las manos.

### 4.4.6. Compromisos y otros

Necesitamos unos compromisos; más adelante tendrás inspiración al respecto. Además, es necesario tener un Facilitador que organice el Círculo y el lugar, que ponga el espacio o que se encargue de organizarlo para que estemos tranquilos y cómodos.

### 4.5. Creando comunidad

Poco a poco vas teniendo mucha información sobre las necesidades que tienes para empezar con tu Círculo de Hombres Evolucionantes, y quería hablarte de un par de cosas muy importantes: de crear comunidad y de la amistad. En los Círculos de Hombres Evolucionantes, uno de los «para qué» es el de crear comunidad. Generar estos espacios para hombres, pero también crear otros eventos. Si alguien tiene la inspiración, que proponga una salida a hacer algo. Hay hombres que se reúnen para hacer *trekking* por la montaña, tejer, pescar o practicar *playfight* (una simulación de pelea como cuando éramos niños). Nuevas actividades podrán cultivar estas amistades que se van formando.

Es algo muy valioso tener un hombre con quien compartir este viaje de conciencia, alguien que te conozca bien y que sepa todo de ti; es clave en este proceso. Piensa en esto: estamos creando una comunidad muy potente de la cual te voy a hablar en el siguiente punto. Y estamos trabajando con la posibilidad de conseguir amistades nuevas muy bonitas. A continuación, te voy a hablar de por qué tienes que hacer un Círculo Evolucionante y no otra cosa.

#### 4.6. ¿Lo puedo llamar CHE?

Leyendo este libro vas a tener información de sobra para comenzar a facilitar tu propio Círculo de Hombres. Sin embargo, como decía la publicidad: compartida, la vida es más.

Eso afecta totalmente a tu experiencia con los Círculos también.

Desde el enlace que he dejado más adelante podrás acceder a una *masterclass* que te dará la posibilidad de ingresar a la formación para Facilitadores de Círculos de Hombres Evolucionantes, con unas condiciones muy especiales.

En esta red internacional tenemos ya muchos hombres que están certificados. Si te unes a ella, vamos a darte apoyo logístico y podrás compartir tu experiencia con un montón de hombres. Te aseguro que es muy enriquecedor.

Disponemos de un grupo de Facebook y Telegram en el que los hombres que más experiencia tienen comparten sus reflexiones después de cada CHE. Además, desde la comunidad apoyamos difundiendo entre decenas de miles de hombres estos espacios.

Si vas en serio con esto de los Círculos, ser parte de la comunidad te permitirá aprovechar el conocimiento de hombres que ya llevan docenas de CHE a sus espaldas y recibir *feedback*, apoyo y poder experimentar cómo son los Círculos de otros.

```
http://hombresevolucionantes.com/lector-che
```

## Testimonio

### Senén, Ponteareas, Galicia, España, 32 años, Facilitador CHE

Mi primera experiencia en un CHE fue realmente transformadora, en cuanto que conecté muchísimo con otro hombre al que no conocía de nada, algo que pocas veces me había pasado y que aquí pude identificar con más claridad.

Fue en la primera ronda. Con la historia que estaba compartiendo este compañero desde una absoluta sinceridad, resoné con él, puesto que yo también estaba viviendo una historia similar en ese mismo momento, sobre la relación con mi padre. Fue aquí donde me di cuenta de que era el comienzo de una gran relación.

Al día siguiente y después de digerir lo que había sentido y vivido en el CHE, le pedí que fuese mi Compañero Evolucionante. Él aceptó. Así comenzó una maravillosa relación de confianza, amor y respeto entre hombres que nunca antes había experimentado.

Durante la formación como Facilitador CHE, compartí muchas experiencias con él. Además de los ejercicios propuestos, hablamos mucho de la vida. Supe que no era el único hombre al que le interesaba hablar de las cosas que a mí me importaban; compartimos y nos enriquecemos mucho el uno del otro; es algo que siempre comentábamos y nos agradecíamos después de cada encuentro.

Desde entonces, me permito hablar con otros hombres con absoluta sinceridad, para darles la posibilidad de establecer una conexión real y profunda desde la confianza y el amor que deposito en ellos, para que puedan hacer lo mismo si así lo desean.

## 5. DURANTE LOS CHE

*Dentro de veinte años, estarás más decepcionado por lo que no hiciste que por lo que hiciste. Explora, sueña y descubre.*

Mark Twain

Ya has podido leer sobre el cómo y qué hacer antes del Círculo. En este capítulo, te explicaré qué hacer durante el CHE. Hablaremos sobre la estructura del Círculo, cuál es el papel del Facilitador y cuáles deben ser sus valores. Explicaremos el porqué de reunirnos en Círculo, veremos cómo abrirlo, los compromisos que tenemos que adquirir y las tres herramientas mágicas de las que disponemos para dinamizar estos grupos. Veremos cómo crear espacios seguros y algunos de los temas recurrentes, entre otras cosas.

### 5.1. Estructura del Círculo

Un Círculo puede tener muchos formatos y estructuras. En este caso, comparto contigo una que hemos comprobado que funciona y dinamiza el grupo.

### 5.1.1. Bienvenida

El Facilitador dará la bienvenida a los participantes. Puede haber unos minutos, previos a la hora de comienzo oficial, en los que socializar de manera libre o también esperar en silencio a los compañeros que vayan llegando.

Es importante que se decida hasta qué momento puede un hombre acceder al Círculo. En estos años creando Círculos he comprobado que la puntualidad es un valor primordial y que nos conecta mucho con lo masculino maduro, al ir adquiriendo responsabilidad y compromiso.

Cada Facilitador o Círculo debe decidir lo flexible que es a la hora de dar acceso al espacio. Es conveniente para la energía no dejar entrar a nadie después de haber «sacralizado» el Círculo y haber formado el espacio seguro (por ejemplo, después de aceptar el compromiso de confidencialidad y comenzado con la ronda de «entrada»). Tener un criterio es muy positivo. De esta forma, seremos justos con todos los compañeros.

### 5.1.2. Meditación

El Facilitador puede dirigir una meditación, más o menos extensa, que sirva al grupo para reconectar consigo mismo y con el espacio que van a compartir. Parar un poco ese frenético ritmo de vida que llevamos para entrar en un espacio de cuidado en comunidad.

Si no sabes dirigir una meditación, puedes participar en alguno de los CHE *online* gratuitos que ofrecemos frecuentemente desde la comunidad. De esta manera, puedes hacer algo parecido, poniendo tu estilo personal o conocimientos. Más adelante, en este capítulo, compartiré un guion que puedes usar si lo crees necesario.

### 5.1.3. *Business Round*: compromisos y explicar herramientas

Si es un Círculo con continuación, se puede usar este espacio para cualquier cosa que tenga que ver con el propio funcionamiento. Por ejemplo, cambios de horario o lugar, admisión de nuevos miembros, discusión sobre los acuerdos o cualquier otra actividad relacionada con la logística del grupo. No es necesario siempre.

Si se trata de un Círculo abierto y con nuevos componentes, el Facilitador recuerda los compromisos y las herramientas o cualquier otro asunto que desee compartir y sea necesario para el buen funcionamiento del Círculo.

### 5.1.4. Ronda de inicio o «entrada»

En esta ronda podemos contar cómo venimos al Círculo desde diferentes planos (cuerpo, emociones y mente). También podemos decir cómo nos ha ido desde el último Círculo.

En esta primera ronda es muy bueno que cada miembro del grupo diga su nombre, pues es una forma de reconocerse, cuente cómo está o si ha cumplido con algún propósito que se marcó en el anterior Círculo. En caso de ser alguien nuevo, es un buen momento para que comparta su razón para acudir al círculo (su para qué). Además, puede responder algunas preguntas: ¿Quién es?, ¿en qué momento se encuentra?, ¿qué siente en ese instante? Muy importante es hablar, en la medida de lo posible, de lo que se siente en el momento presente.

### 5.1.5. Ronda de profundidad

Podemos usar un bastón, elemento del que ya hemos hablado, poniéndolo en medio y proponiendo un tema específico o dejándolo abierto a lo que está vivo en ese momento.

El Facilitador puede elegir cualquier actividad guiada que se haya preparado como propuesta para el mismo. En el próximo capítulo compartiré contigo algunas muy efectivas para abrir el grupo y que dan para reflexionar.

Podríamos decir que esta es la parte más profunda y la ronda más extensa del Círculo.

### 5.1.6. Ronda de cierre o «salida»

Esta es la ronda de despedida, donde podemos hacer un balance entre cómo vine al Círculo y cómo me voy, reportando aquello que me llevo o me ha aportado valor. También, podemos contar aquellos compromisos que deseamos adquirir hasta el siguiente Círculo u ofrecer gratitud por el espacio.

Es conveniente acabar a la hora indicada, siempre y cuando sea posible; es una forma de respetar el Círculo y el compromiso común.

Esta ronda se puede hacer midiendo el tiempo para asegurarnos de que cada hombre dispone de un espacio para compartir.

Al haber dos rondas en las que todos participan, una de apertura y otra de cierre, como mínimo cada hombre hablará dos veces y esto le repercutirá una sensación de satisfacción por sentirse incluido y la importancia que tiene su presencia, sobre todo en Círculos numerosos.

## 5.2. El rol del Facilitador

Hablemos del papel del Facilitador en los Círculos. ¿Qué hace? ¿Qué es y qué tareas conlleva este rol?

Debo puntualizar la importancia de la palabra «Facilitador»: indica que no es un maestro, profesor o terapeuta, aunque así lo fuese en su vida profesional. El Facilitador es la persona que dirige y guía el espacio seguro; no tiene que arreglar ni sanar a nadie.

### 5.2.1. Convocar

La primera de las tareas, y posiblemente de las más frustrantes por la energía que conlleva, es la de convocar a los hombres. Para ello, si te formas como Facilitador CHE, podrás contar con la ayuda de **Hombres Evolucionantes**, una comunidad que te facilitará dicho proceso, pues en el pasado me costó bastante convocar y conseguir que llegaran los hombres y me gustaría que fuera más fácil para ti. Podrás usar diferentes redes sociales, el boca a boca o todo lo que se pueda hacer para conseguir el efecto llamada y que el mensaje llegue a los hombres.

Como Facilitador adquieres un compromiso: es muy importante que tú decidas el lugar y la hora del evento, pues, en mi experiencia, si preguntas a los interesados, cada uno te dirá un día y horario distinto. Elige el horario que consideres más apropiado, teniendo en cuenta tus necesidades y la facilidad para los participantes. Nunca tengas dudas de que asistirán, ni más ni menos, los hombres que debían estar en ese espacio en esa ocasión.

### 5.2.2. Preparar el espacio

La segunda tarea es preparar el espacio. Sería bueno que, como Facilitador, te anticipes a la hora prevista de celebrar el Círculo, para así prepararlo como desees. Puedes colocar sillas o cojines, ambientar el espacio con inciensos, alumbrar con velas, crear un altar y lo que consideres que puede ayudar a crear el espacio sagrado.

Si llegas unos minutos antes, tendrás la posibilidad de centrarte con una meditación o con alguna práctica que te sirva para poder estar presente y contener al grupo.

Una práctica que hacía yo con mi compañero Alexander cuando cofacilitábamos los Círculos era practicar, antes del Círculo, la técnica de *cocouncelling* (técnica que desarrollaré más tarde), en la que cada uno habla durante cuatro o cinco minutos para vaciarse. Esta es una buena forma de llegar al Círculo un poco más «limpio» y así poder sostener mejor el espacio a facilitar.

Es muy bonito aportar un poco de sacralidad al evento: música, incienso, velas, símbolos o cualquier cosa con la que resuenes y te apetezca aportar. No es simple decoración, sino una manera de que la mente lo procese como un ambiente distinto a los que está acostumbrado (un bar, pub…).

### 5.2.3. Ritual de apertura

Te voy a proponer un ritual de apertura más adelante, pero tú como Facilitador puedes escoger aquel que mejor te convenga o incluso crear uno propio. Lo importante es que, al igual que cuidamos el espacio creando algo diferente, realicemos un acto que cree este contenedor seguro, haciendo entender a los participantes que pueden sentirse seguros y abrirse a la experiencia. Se puede dirigir una meditación para conectar con el cuerpo y las emociones y estar presente en el espacio.

### 5.2.4. Los acuerdos

Los acuerdos del grupo no son reglas que vienen de afuera, sino acuerdos que todos aceptamos o modificamos para sentirnos cómodos en el espacio. Muy pronto te entregaré una lista de acuerdos que puedes usar y modificar a tu gusto.

### 5.2.5. Ronda de apertura (entrada)

El Facilitador decidirá si comienza él, lo cual es muy recomendable para modelar cómo se hace, o si elige a otra persona para comenzar y cuál será el orden de palabra. Se puede incluso hacer *«popcorn style»*, 'estilo palomita', en el que cada hombre hablará cuando lo sienta. Puedes otorgar un tiempo máximo por persona.

### 5.2.6. Gestión del tiempo

Una de las tareas que más desafían al Facilitador es la gestión del tiempo. A veces puede ser necesario cambiar el ritmo; esto quiere decir que puede darse la circunstancia en la que alguien tome demasiado tiempo y, por el buen funcionamiento del Círculo, el Facilitador debe cortar a esa persona.

Hace años estudié un curso de liderazgo masculino con Arne Rubenstein, el mayor referente mundial occidental de los rituales de paso. En una ocasión utilizó una manera de cortar que me pareció fabulosa. Fue algo tal que así:

«Perdona que te interrumpa. Voy a utilizarte como ejemplo, porque sé que puedes sostenerlo. Vamos a ir más a la esencia, a no tomarnos tanto tiempo...».

Esta manera me pareció respetuosa pero muy clara. Es muy importante avisar previamente de que esto puede ocurrir y, sobre todo, de que no se hace en contra de nadie, sino por el buen funcionamiento del Círculo.

De esta forma, tú como Facilitador podrás cortarle en caso de que alguien no esté cumpliendo con su tiempo o esté hablando mucho desde la cabeza, hablando de otros o dando consejo a alguien que no lo ha pedido.

Es muy importante discernir por qué lo haces: por cuidar del grupo y para que este fluya mejor, y no porque te produzca incomodidad la persona o lo que esté expresando.

También se puede cambiar el ritmo proponiendo hacer actividades de movimiento corporal, para bajar al cuerpo o respiraciones profundas cada vez que un hombre diferente habla, para así hacer espacio para la persona siguiente. Viene bien romper el ritmo, sobre todo cuando se viven momentos emocionales fuertes, no para salir de ellos, sino para asimilarlos y crear una nueva situación cómoda. En el siguiente capítulo compartiré contigo algunas herramientas que puedes usar.

### 5.2.7. Ronda de profundidad

En esta ronda, podemos tratar un tema en concreto. Más adelante tendrás una lista de los más repetidos, o dejar el bastón en medio del Círculo y ver quién quiere compartir. El Facilitador tendrá que estar pendiente del uso del tiempo y de apoyar a los participantes a no irse mucho a la mente, a no usar demasiado tiempo en detalles innecesarios o a asegurarse de que se cumplen los acuerdos. En esta ronda podremos usar los signos que apoyan el buen funcionamiento del Círculo; te los mostraré más adelante.

### 5.2.8. Ronda de despedida (salida)

El Facilitador se asegurará de que haya suficiente tiempo para que todos puedan despedirse y tendrá algún tipo de ritual para cerrar el proceso. Puede ser una nueva meditación, respirar juntos, darse las manos y mirarse a los ojos, cantar o bailar una canción o cualquier acto que sea apropiado al momento.

### 5.3. Los valores del Facilitador

A continuación te nombro algunas cualidades que un buen Facilitador debería tener. No te preocupes si piensas que no atesoras alguna de ellas, pues, practicando, seguro que las irás desarrollando o podrás aprenderlas de otros miembros del grupo.

### 5.3.1. Compromiso

Vas a invertir tu energía, tiempo y dinero (ya has comprado este libro) y esto dice mucho de tu compromiso al respecto. Cuanto más comprometido estés, más inspirarás y atraerás a otros hombres comprometidos.

En mis comienzos tenía una creencia que me hacía pensar que los hombres no se comprometen. Recuerdo en una ocasión, en Valencia, un Círculo que convoqué y al cual no acudió nadie. Mi mente me traía la frase: «Es que los hombres no están listos, no están preparados». Sin embargo, aquel día no me fui a casa enfadado, sino que me quedé las dos horas en el lugar escribiendo estrategias para convocar a más hombres.

Lo único que está en tus manos como Facilitador es evaluar el nivel de compromiso que tienes tú con este proyecto.

Este nivel de compromiso depende única y exclusivamente de ti y nada externo debería afectarte. Por supuesto, puedes usar el *feedback* que recibas para adaptarte mejor y para ofrecer algo más atractivo, pero que venga también de tu esencia es muy importante.

### 5.3.2. Humildad

Como Facilitador vas a ponerte al servicio del grupo; es un valor fundamental. Conseguir que las decisiones que tomas como líder del grupo vengan del beneficio del Círculo y no de tu propio interés o de tu necesidad de ser visto es muy importante.

Como Facilitador es muy fácil caer en la creencia de que se debe tener soluciones para todos; sin embargo, recuerda que ese no es tu rol.

Si lo haces desde el corazón, con ilusión y amor incondicional todo saldrá bien, y si en algún momento sale mal, lo cual puede ocurrir también, recibirás apoyo y compasión por parte de tus compañeros.

### 5.3.3. Asertividad

En el rol de Facilitador vas a necesitar mucha asertividad. Antes hablamos de que quizá el Facilitador en algún momento tenga que cortar a alguien o ayudar a otro a que baje de la mente al cuerpo o a conectar con sus emociones, y todo esto siempre se ha de hacer de una forma muy amorosa y con compasión, pero a veces también estricta y con claridad por el bien del grupo.

### 5.3.4. Dirección

Este proviene del liderazgo personal como hombre, para poder servir de inspiración para dirigir a otros hombres y liderar estos espacios, pero no desde el punto de vista maestro-alumno, donde decir lo que deben o no deben hacer, sino desde el que crea el espacio para que cada uno encuentre sus propias respuestas a sus propias preguntas y devolverles un poco en esa interacción con ellos mismos.

### 5.3.5. Presencia

La presencia es uno de los valores de lo masculino más representativos y necesarios. Puedes conseguir presencia cuando estás en una postura cómoda, respirando profundamente y con toda tu atención en lo que está ocurriendo. Es decir, «estás presente», y conectarás con tus emociones cuando algo te resuene, pero sin dejarte llevar por ellas.

Participar en un Círculo es una práctica genial, porque seguro te pondrá en situaciones incómodas y te ayudará a desarrollar la cualidad de seguir presente. No tener que huir en un espacio complejo es algo que te beneficiará más allá del Círculo.

### 5.3.6. Fuerza de Voluntad

Gestionar un Círculo requiere de fuerza de voluntad. En el proceso seguro surgirán excusas para dejar de hacerlo, pero tú sabes perfectamente el beneficio que te trae.

La fuerza de voluntad es como un músculo que tenemos que desarrollar. Si lo haces, afectará de manera positiva al resto de tu vida, ya que cualquier cosa que valga la pena conseguir requiere de cierto nivel de esa fuerza.

### 5.3.7. Escucha amorosa

Abrir los oídos y abrir el corazón al mismo tiempo, para ofrecer ese espacio a tus compañeros, es algo maravilloso. Escuchar los desafíos, los problemas y a veces hasta los traumas o las experiencias más difíciles de otros hombres te hará conectar con la empatía y ver que tu sufrimiento es compartido por muchos otros hombres.

### 5.4. Abriendo el Círculo

En la página de recursos te voy a dejar un audio para que descargues esta meditación.

```
http://hombresevolucionantes.com/lector-che
```

A continuación, te dejo un guion que puedes usar para abrir el Círculo. Puedes adaptarlo como quieras a tus necesidades o a tu estilo personal. Es importante que modules tu voz y hables con calma y claridad:

Bienvenido, hermano. Te invito a que te sientes cómodamente, con los pies o las nalgas enraizadas en la tierra y la columna de tu espalda recta, sin crear tensiones. Te invito a que cierres los ojos para que lleves tu foco de atención a la respiración.

Inhala por la nariz y exhala por la boca. Conecta tu chakra raíz situado en el perineo e imagina que te conectas a través de unas raíces con la tierra. Subiendo por la espina dorsal llegamos hasta la zona de la coronilla en tu cabeza. Allí imaginamos como si nos conectara con un haz de luz que atraviesa cada partícula de nuestro ser y nos hace cada vez más presentes.

Una vez más inhalamos por la nariz y exhalamos por la boca. Recorremos el espacio físico. Localiza dónde pueda haber una zona con molestia, tensión o dolor. Imagina que, al inhalar, aportamos energía positiva a la zona con molestia; y al exhalar, drenamos el malestar apreciando el descanso que aportamos.

Observamos también las emociones que se están moviendo en este momento en nuestro ser. Hacemos unos segundos de pausa. Ponemos atención a los pensamientos, juicios e ideas que están pasando por la mente. Solo obsérvalos, sin necesidad de aferrarnos a ellos.

Durante tres repeticiones inhalamos por la nariz, serena y profundamente, hasta llevar el aire al estómago. Sostenemos el aire unos segundos y después exhalamos por la boca. Volvemos a aguantar unos segundos antes de repetir el ciclo.

Abandonamos los resultados y las expectativas, y nos disponemos a ser un canal que traiga conciencia y que permita este espacio para compartir en sintonía con amor y compasión.

Cuando estemos listos, disfrutando de las sensaciones generadas, poco a poco abrimos los ojos y volvemos al espacio en el que nos encontramos. Miramos a los compañeros y nos reconocemos en el espacio de apertura que estamos generando.

Bienvenido al Círculo de Hombres Evolucionantes. Te contaré algunas cosas claves para los Círculos, y lo primero son los objetivos. Este es un espacio seguro en el que tenemos la posibilidad de abrirnos profundamente, un espacio para compartir y conectar como hombres de una manera distinta a la que acostumbramos en otros lugares.

La herramienta que nos ayudará a convertir esto en un espacio diferente es el bastón de palabra, que, simbólicamente, nos indica quién va a hablar. De esta forma nadie podrá pelear por la palabra. Los demás compañeros practicarán la escucha activa y estarán presentes para quien esté hablando.

Te invito a hablar desde el «yo», desde tu posición, tu experiencia, tus sentimientos y emociones. No desde el tú, uno, nosotros y otros pronombres o conceptos históricos o sociales que buscan evitar el compromiso, la implicación personal. Este espacio no busca cambiar el mundo, sino cambiarnos a nosotros mismos y, de esa forma, transformar el entorno. Por ello, te invito a expresarte desde la experiencia personal.

Este espacio es el idóneo para hablar de aquellas cosas que no solemos hablar en el bar; un espacio donde mostrarnos vulnerables y compartir la experiencia que estamos viviendo. Hablemos de emociones, de los problemas, de los retos y las dificultades que afrontamos, aquello que ocurre realmente en nuestra vida. Tendrás la certeza de que todos los hombres te estarán escuchando con presencia y activamente.

Para apoyar todo esto, te invito a integrar la comunicación masculina. ¿Qué quiere decir esto?

Con comunicación masculina nos referimos al ir a la esencia de la información y no andarnos con rodeos, que puede ser de manera inconsciente o consciente. Quizá porque no queramos admitir lo que queremos decir, nos detenemos en preliminares con la procedencia del trauma, o incluso tengamos miedo a ser juzgados por expresarnos libremente.

Regálanos la información esencial, para que escuchemos lo que realmente es importante y está generando cambio o conflicto en tu vida.

Es clave que hablemos de uno de los compromisos más importante que vertebra los Círculos: la confidencialidad. Es clave que aquello que se comparta en este Círculo no salga de aquí. Puedes compartir tu experiencia. De hecho, te invito a hacerlo, pero por favor, no compartas la experiencia de los compañeros, que también se comprometerán contigo. Si aceptas este acuerdo, te invito a levantar simbólicamente la mano en gesto de compromiso personal de cumplirlo.

Es importante que todos los asistentes realicen el gesto para aportar más conciencia para con la seguridad del espacio.

Y hasta aquí una manera de comenzar un Círculo.

## 5.5. Compromisos

A continuación, tienes una lista de compromisos que hemos detectado como necesarios o, al menos, como positivos para el buen funcionamiento del Círculo de Hombres.

### 5.5.1. Confidencialidad

Como se ha compartido previamente en el guion, todo lo que ocurre en el Círculo es confidencial; esa es la manera de crear un espacio seguro. Un hombre puede compartir que participa de un Círculo, ya que no es un secreto. De hecho, puede ser bueno contárselo a amigos para que puedan sentirse inspirados y participar si lo desean; pero es clave compartir solo nuestra experiencia, cómo me he sentido o qué he vivido yo, y no las historias o compartires de los compañeros.

### 5.5.2. Bastón de palabra

Solo hablará quien ostente el bastón de palabra. No significa que debamos ser inflexibles, pero sí respetar los tiempos y espacios que se les ha cedido a los compañeros, y para ello nos apoyamos en esto. Así, el Círculo no se convierte en una conversación común y corriente.

### 5.5.3. No se hace terapia

Aunque la asistencia a los Círculos puede crear un efecto terapéutico muy poderoso en nosotros, recordemos que no busca hacer terapia, aunque algunos asistentes se dediquen a ello, y por tanto, deben abandonar ese rol y siempre pedir permiso a algún compañero si quieren hacerle preguntas o confrontarlo con algo.

### 5.5.4. Hablar desde el yo

Hablaremos desde el yo para comprometernos con nosotros mismos, partiendo solo desde nuestra propia experiencia.

### 5.5.5. No damos consejo

No daremos consejo, a no ser que expresamente lo solicite el compañero. Sin embargo, sí podemos compartir una experiencia personal que nos trajo aprendizajes que pudieran servir al compañero, pero nada de dar consejo directamente. Y si lo vamos a hacer, pediremos permiso a la persona que lo necesite.

### 5.5.6. Vamos a la esencia

Como ya hablamos, practicamos esa comunicación masculina y vamos a la esencia de la información sin contar otras historias que no hacen más que enmascarar la cuestión en sí.

### 5.5.7. Abrirnos a la experiencia

Es muy importante el abrirnos profundamente a la experiencia, a la escucha y a expresar nuestras emociones desde el corazón, para conectarnos con esa actitud de apertura.

### 5.5.8. No juzgamos

Y si aparecen juicios en nosotros, los observamos y hacemos ejercicio de autorreflexión, del porqué y desde dónde nos aparece, qué información viene a representar, en qué aspecto de nosotros debemos trabajar. De la misma manera que no debemos juzgarnos a nosotros mismos por juzgar, somos humanos y cada persona ha vivido su propio proceso de socialización, por ende, tendremos conceptos distintos de las cosas, y la riqueza está en saber apreciar y absorber la diversidad de pensamiento.

### 5.5.9. Salimos de la zona de confort

Si mi tendencia es acaparar las conversaciones y ser el centro de atención, puedo usar el Círculo para probar hacer lo contrario. Si mi caso es que casi siempre estoy en la sombra y no quiero protagonismo, puedo usar el Círculo para mostrarme, ser visto y compartir qué es lo que me ocurre, tomando la palabra y exponiéndome a esta situación a pesar de que pueda ser incómoda.

### 5.5.10. Escuchamos el doble que hablamos

Tenemos dos orejas y solo una boca. Esto podemos interpretarlo como que debemos escuchar el doble de lo que hablamos. Ejercitemos la escucha activa en los Círculos.

## 5.6. Las tres herramientas mágicas

A continuación, te compartiré las tres herramientas en las que nos apoyamos en los Círculos, para hacer aún más efectivo el compromiso de que solo habla quien ostente el bastón de palabra. Mediante estas herramientas, motivamos unos gestos con los que compartimos diferentes sentires a quien estemos escuchando y podemos hacer saber cómo nos sentimos o acompañar al que está hablando a un correcto uso de la palabra.

En el enlace de apoyo del libro tendrás un video en el que se muestran estas herramientas.

### 5.6.1. Resueno contigo

Imaginemos que un compañero tiene la palabra y siento empatía por aquello que nos comparte, porque también me pasa o lo siento así. Una forma de reforzar al compañero, a modo de «estoy contigo hermano, vibro con lo que estás contando».

Para ello, realizaremos un gesto de vibración de la mano y de los dedos, de forma alternada. Es una sensación muy potente de acompañamiento el ver que las personas resuenan con aquello que compartes. Nos ayuda mucho también en los CHE *online* para tener *feedback* de los compañeros sin que haya una interrupción.

### 5.6.2. Ve a la esencia

Si podemos discernir cuando un compañero da rodeos sobre un tema o se desvía, desde el entendimiento haremos uso de la siguiente herramienta, en la cual le invitamos a instaurarse en esa comunicación masculina e ir a la información esencial que le llevó a tomar el bastón de palabra. Para ello, lo gesticularemos uniendo las

144

puntas de nuestros dedos con la palma de la mano mirando hacia arriba; y con un movimiento descendente le estaremos invitando a concretar lo que está contando o a bajar de la mente y expresar lo que siente.

### 5.6.3. Habla desde el yo

Cuando un compañero desvía su discurso a generalidades (como lo que le pasa a los demás como sociedad) o utiliza pronombres distintos al «yo», desvinculándose de su discurso, amablemente le recordaremos que se comprometa consigo mismo.

En España usamos el tú, y es muy extraño cuando alguien dice: «Tú haces esto y lo otro». En Colombia, sin embargo, hablan de «uno», y este «uno» es el que siempre sufre todos los males.

La señal para mostrar esto será señalándonos a nosotros mismos con el pulgar a la altura del pecho. No es necesario que saltemos a la mínima, sino darnos cuenta de si ha sido una breve distracción o realmente se ha desvinculado de su propia experiencia.

Estas tres herramientas se tienen que usar con amor y compasión, pero pueden servir mucho a los compañeros. Le estaremos haciendo un gran favor porque la posibilidad del cambio nace primero de crear consciencia de las situaciones y con estos pequeños gestos de *feedback* podemos acompañarnos en ese proceso.

### 5.7. Creando un Espacio Seguro

El crear un espacio seguro lo hemos repetido varias veces en el libro. Quizá te estés preguntando: «¿Por qué tanta importancia en generar un espacio seguro?».

A los hombres nos suele costar compartir y abrirnos. Por eso, con la meditación previa, la bienvenida, los compromisos y esos acuerdos que regulan y armonizan el espacio, estamos dando pie a esa relajación y apertura.

Con la ronda de inicio estamos creando este espacio seguro para dar la posibilidad a esos hombres, a quienes les cuesta abrirse, a que puedan compartir.

Algo importante a tener en cuenta son las experiencias que viven los hombres. Es muy importante si un compañero entra en proceso emocional donde se ponga a llorar, muestre ira o cualquier otra emoción, que nadie intervenga a modo salvador, a no ser que explícitamente así lo pida quien esté experimentando el proceso.

Por ejemplo, si un participante empieza a llorar no es recomendable que otro vaya a abrazarle, darle la mano o tocarlo, porque podríamos estar interrumpiendo un proceso que debe transcurrir siendo él mismo quien lo trascienda. Quizá necesita llorar y que se lo permitan, porque en el pasado, al llorar, alguien vino a cortarle el llanto, interrumpiendo su proceso natural, quizá diciéndole que «los hombres no lloran». Puede que ese hombre lleve décadas intentando llorar esas lágrimas y lo más recomendable es dejar que viva la experiencia sin ser condicionado.

Si aquel llanto te produce incomodidad, te invito a que la sostengas, respires y observes por qué te despierta ese sentir. Esto es algo que debe aplicarse al Facilitador y a todos los participantes. Que nadie tenga que levantarse a ofrecerle un pañuelo o agua, sino esperar a que pueda pedirlo por él mismo.

Recuerda que estamos trabajando la responsabilidad propia de cada hombre; cada cual debe hacerse responsable de sus emociones; y como tal, si necesitamos ayuda, la responsabilidad de pedirla recae en nosotros mismos.

Si tengo una necesidad propia de abrazar, tocar o preguntar algo a quien está pasando algún proceso, antes debo pedirle permiso para aquello que necesito hacer: «¿Te puedo hacer una pregunta? ¿Te puedo abrazar?».

Es maravilloso cuando un hombre se permite pedir ayuda cuando la necesita y cuando un hombre permite a otro que muestre sus emociones sin interrumpir o actuar de ninguna manera. No hay nada que arreglar. Podemos observar y sentir las emociones que estén vivas en ese momento en el Círculo.

## 5.8. Temas Recurrentes

A continuación, te hablaré de los temas que suelen ser más recurrentes en los Círculos o que incluso el Facilitador puede proponer. Te expongo los temas que han aparecido con más frecuencia en los más de cien Círculos facilitados por mí y en los cientos de Círculos organizados por los facilitadores CHE de manera *online* y presencial en diferentes partes del mundo.

### 5.8.1. Relaciones

Este suele ser el tema por excelencia, especialmente las relaciones con las mujeres y con lo femenino, o con los hombres en caso de que esa sea la preferencia sexual. En Koh Phangan, donde he realizado la mayoría de mis Círculos presenciales, era un tema muy importante y se mostraba con frecuencia. Esas vivencias que solemos tener con las mujeres y que nos sacan de nuestro centro.

Dice David Deida, maestro espiritual y autor de *El camino del hombre superior*, que la relación con la mujer es la mayor forma de crecimiento para un hombre consciente.

### 5.8.2. Problemas Sexuales

Otro tema muy recurrente son los problemas con la sexualidad. Es muy importante hablar estos temas en los Círculos porque son muy difíciles de tratar conscientemente en otros entornos. Es muy bonito crear el espacio para que otros hombres sepan que pueden hablar de todo esto, ya que es muy sanador poder compartir esos problemas o desafíos que quizá en otros entornos no nos atreveríamos por vergüenza, culpa o miedo a ser juzgado. Los hombres acostumbramos a compartir nuestras conquistas, pero no tanto a hablar de los problemas o de las situaciones que nos hacen sentir vulnerables en la sexualidad.

Desde el año 2018 vengo compartiendo un par de veces al año un *training* gratuito de sexualidad de manera *online*. Durante las diferentes ediciones y con las decenas de miles de hombres que han participado, he podido comprobar cómo muchos compartían que nunca antes habían hablado abiertamente de sus experiencias traumáticas o de sus desafíos relacionados con la sexualidad.

Si quieres descubrir contenido para transformar tu sexualidad, puedes ver el enlace correspondiente en la página de recursos del libro, que ya he compartido contigo.

### 5.8.3. Trabajo

Conflictos laborales, problemas con el jefe o compañeros de oficina, frustración con el trabajo, falta de propósito… son temas que se suelen repetir. Cada vez más hombres se plantean si vinieron a este mundo a trabajar para otros por dinero o para hacer algo que no está realmente alineado con sus valores o motivaciones profundas.

### 5.8.4. Emociones

Desde dónde y cómo nos relacionamos con las emociones, así sean propias o ajenas. Sin duda uno de los mayores déficits en el desarrollo de muchos hombres es la imposibilidad de tener una relación consciente con las emociones sin necesidad de huir de ellas o reprimirlas, pero tampoco haciéndose presa de ellas y tomar decisiones desde ahí. Algo que he detectado en muchos varones es que no tienen un vocabulario amplio sobre emociones. Si les preguntas cómo están, te dirán que bien o mal. Pero si les preguntas qué sienten, puede que les cueste mucho contestar. En el Círculo podemos practicar y aprender a expresar lo que sentimos.

### 5.8.5. Familia

Problemas o desafíos familiares, relacionados con los padres, hijos, hermanos… Dentro de este tema hay una gran posibilidad de apoyarse. Muchos hombres se sienten solos cuando están en proceso de separación o divorcio y les será de gran ayuda escuchar a uno que ya pasó por ese trago; o un hombre al que no le permiten ver a sus hijos, al compartir su frustración, podrá aliviarse mucho.

### 5.8.6. Relación con el padre

La herida del padre está muy presente en la mayoría de hombres. Ya sea por un padre ausente, o por uno violento, o uno que mostraba rasgos de una masculinidad inmadura, o por uno que no era capaz de manejar sus emociones…, esa herida deja una marca en la personalidad de manera profunda. El padre es la primera figura masculina de la que aprendemos, ya sea por su presencia o incluso con su ausencia. Todo hombre que quiera avanzar en su camino de evolución tendrá que sanar la herida del padre para aceptarlo y trascenderlo.

La experiencia de los eventos presenciales en los que hacemos trabajo con el padre nos ha mostrado que casi todos los varones tienen algo por sanar con esa relación que marca tanto nuestra vida como hombres.

### 5.8.7. Frustración

Esta frustración es generalizada. Por ello, es muy importante tener estos espacios de compartir. Se ve de forma clara en la sociedad cómo hay hombres que ejercen la violencia fruto de la frustración y la imposibilidad de gestionar esta y otras emociones. Si existieran más espacios donde poder compartir esas emociones de manera consciente, probablemente no llegaría al extremo de ejercer violencia contra otras personas. Muchos acuden a los estadios de fútbol para poder gritar al árbitro o al equipo contrario, como medio para gestionar la frustración. Los Círculos pueden ser un espacio más consciente para entrar en contacto con este sentimiento.

### 5.8.8. Tomar decisiones

Muchos hombres en el mundo tienen dificultades para tomar decisiones. Desde un punto de vista yóguico, esto sucede por un bloqueo en *manipura* chakra, el tercer centro energético situado en el ombligo. Aquí se encuentra el poder personal, la fuerza de voluntad y la capacidad para decidir.

Un hombre puede vivir un proceso muy nutritivo al compartir estas experiencias. No para que le digan lo que debe o no hacer, sino para el proceso de ponerlo en común y darse cuenta de la decisión que quiere tomar realmente. Además, una vez tomada la decisión de comprometerse en el Círculo, puede ser de gran apoyo para llevar a cabo aquello que sabemos que debemos hacer.

### 5.8.9. Abrir la relación

Los celos, el deseo de tener una relación abierta o poder interactuar con otras personas son temas candentes para hombres que están en una relación. En Koh Phangan era un asunto que solía salir mucho porque había personas que estaban explorando el poliamor o las relaciones abiertas, temas que pueden desequilibrarnos bastante.

Hay temas como estos con los que quizá no resuenes tanto en un momento de tu vida, pero el escuchar experiencias de otros te puede ayudar si en algún momento te ves en una situación similar a la que escuchaste. De ahí el poder del Círculo.

Recuerdo la experiencia de un hombre que, al llegar a la isla, su novia le propuso abrir la relación. Ella se fue con un maestro tántrico, que seguro era un campeón en la cama. Imagínate cómo se sentía él cuando se enteró y lo que le sirvió poder compartir su vulnerabilidad con el grupo.

### 5.8.10. Propósito

«¿Cuál es mi propósito como hombre? ¿Cuál es mi misión?». Estas son preguntas que rondan la cabeza de cualquier hombre en algún momento de su vida. Este es un tema muy bonito para tratar, porque unos hombres pueden inspirarse y enriquecerse de la experiencia de otros a la hora de conocer cómo encontraron su propio propósito o cual sea la situación en la que se encuentren actualmente en cuanto a este tema tan relevante.

El propósito es muy importante para la energía masculina y será más fácil encontrarlo con el apoyo de otros hombres. También, el transitar por situaciones en las que no se tiene un objetivo concreto y que, a veces, puede ser tan incómodo para los hombres. Conocer el ciclo masculino nos puede ayudar a pasar estas épocas con más tranquilidad y eficiencia. Si te interesa este tema, tengo una *masterclass* que te puede traer mucha luz al respecto. La puedes encontrar con el enlace de apoyo de este libro.

### 5.8.11. Libertad

La libertad es el gran anhelo de la energía masculina, tanto en hombres como en mujeres. Los conflictos generados por la manera en la que asumimos las relaciones, la paternidad o el trabajo afectan la sensación de libertad. Por eso, son un tema muy repetido e interesante de tratar en los Círculos.

### 5.8.12. La paternidad

Ya no quedan rituales de paso en las sociedades occidentales, así que muchos hombres llegan a ser papás sin haber alcanzado una madurez para cuidarse a sí mismos. Imagínate convertirse en papá. Bien llevada, la paternidad puede ser el mayor regalo de la existencia. Mal llevada, puede ser una fuente infinita de conflicto.

Nadie nace con un libro bajo el brazo que nos enseñe cómo deben ser los padres. Por ello, es muy bonito enriquecerse de la experiencia de otros hombres que quizá ya lo son. Compartir la experiencia con otros hombres tiene el potencial de convertirnos en mejores padres.

### 5.8.13. Muerte

La relación con la muerte, sea porque se nos ha muerto algún ser querido o nuestro miedo a la misma, es algo que siempre ha fascinado a los hombres. Por eso, a veces buscamos experiencias arriesgadas. La muerte es un tema importante que tratar para poder vivir la vida al 100%.

### 5.8.14. Relación con otros hombres

Este es un tema muy jugoso: nuestras experiencias con otros hombres. Cómo tener una relación más íntima con ellos, sin necesidad de sexo de por medio.

Es un tema que cada vez escucho más, independientemente de que sean homosexuales o heterosexuales. Es muy bonito el compartir espacio con hombres con diferente orientación sexual, pues el espacio se ve enriquecido con la diversidad de testimonios y formas de sentir. Ocurre lo mismo al compartir Círculo con hombres de distintas culturas o edades: la variedad enriquece la experiencia.

### 5.8.15. Relación con la madre

La mayoría de nosotros hemos aprendido qué es ser un hombre a través de las mujeres. Nuestra madre y las maestras del colegio (que son mayoría en los primeros años de escuela) nos transmiten lo que debe y no debe ser un hombre, y eso genera mucha confusión a los niños que necesitarían más referentes masculinos inspiradores de los que aprender cómo ser un hombre.

### 5.9. Círculo en pareja

En este epígrafe quiero compartir una poderosa propuesta en la cual todos salimos enriquecidos: facilitar Círculos en pareja; es decir, junto a otro Facilitador formado. A lo mejor, si quieres comenzar o si te unes a la comunidad de Facilitadores CHE, ya haya un Facilitador en tu ciudad, ¡pues perfecto! Puedes usar esta opción tan enriquecedora y facilitar de manera conjunta si hay química entre los dos.

Durante varias temporadas, estando en Koh Phangan, cofacilité unos cuarenta Círculos con mi compañero Alexander. Realizábamos uno o dos semanales, y llegamos al acuerdo de que solo uno lideraría el espacio, alternándonos, y el otro le apoyaba o daba su *feedback*.

Al llegar al espacio de reunión, la persona que representaba el rol de apoyo preparaba el lugar. Por ejemplo, realizando una limpieza energética del espacio (con palo santo, salvia o incienso) y también de los miembros que iban llegando antes de incorporarse al Círculo.

Otra propuesta que aconsejo es la de llegar con tiempo al espacio, no solo para prepararlo, como hemos hablado anteriormente, sino para prepararnos nosotros mismos. Para ello, realizábamos una sesión de *cocouncelling* (conocerás esta propuesta en el capítulo próximo). Esto nos sirve para que aquel que exprese pueda vaciarse de cualquier otra carga y así, pueda fortalecerse para poder sostener el espacio que se propone a liderar. Personalmente, es una herramienta que suelo poner en práctica antes de liderar los Círculos y en otros momentos de mi día a día con diferentes personas.

Es importante apoyarlo cuando realmente lo necesite. Él debe adquirir sus propios recursos y poner en práctica lo aprendido. Tampoco es cuestión de que quien apoya esté continuamente queriendo rectificar al compañero que lidera. Sí debe ofrecer *feedback*, que es una herramienta muy poderosa y con la que se puede crecer mucho. Si mientras estás facilitando esa persona está escuchando y observando, después, en privado, pueden comentar aquello que consideren constructivo y aportar información para mejorar.

### 5.10. El Círculo *online*

Ya hemos hablado previamente de los beneficios del Círculo *online*. Ahora quiero contarte algunos aspectos que debes tener en cuenta si deseas facilitar espacios virtuales para hombres. La dinámica de un Círculo *online* puede ser muy similar a la del Círculo presencial; sin embargo, deberás tener en cuenta algunos detalles, como los que señalo a continuación:

❖ Es muy importante que se le dé la misma sacralidad y relevancia al Círculo *online* que al presencial. Debemos exigir a los participantes que estén totalmente presentes, que participen con los cinco sentidos y que eliminen cualquier distracción, como el teléfono u otras ventanas o aplicaciones si están usando el ordenador.

❖ Otro factor importante es el horario. Es clave que, llegado un momento del Círculo, no se permita la entrada a ningún compañero. Tú tienes que elegir cuál es ese momento. Mi recomendación es que, después de crear el espacio seguro, se cierre el campo energéticamente y nadie más pueda participar.

❖ Se pueden hacer las mismas rondas que hemos visto para el Círculo presencial: entrada, ronda de profundidad y salida.

❖ Las tres herramientas cobran todavía más sentido para que se pueda dar *feedback* sin necesidad de interrumpir al compañero.

❖ Será muy importante que los participantes sepan usar la herramienta tecnológica que se va a utilizar, sea esta Zoom u otra diferente, y que antes de participar en el Círculo se aseguren de que su equipo funciona correctamente: revisar la cámara, el micrófono y la salida de audio para que puedan ser vistos, escuchados y escuchen a los compañeros.

❖ Deberán familiarizarse con el uso básico de la herramienta, como activar y desactivar su micrófono o cámara.

❖ Por temas de confidencialidad, no deberíamos permitir la participación de nadie sin cámara, a no ser que sepamos quién es esa persona y que tenga una razón consistente para no ser visto.

❖ Para proteger la energía del Círculo es clave que los hombres participen de principio a fin, igual que en un Círculo presencial.

En la formación para Facilitadores de Círculos de Hombres Evolucionantes nos aseguramos de que todos los participantes, para graduarse, hayan participado en varios Círculos liderados por un Facilitador con experiencia y, además, les damos la oportunidad de facilitar también en varios Círculos *online*, con la supervisión de otros compañeros con más experiencia o de un tutor del curso. Esta es una manera de saber y confirmar que los hombres que quieren facilitar tienen un grado de pericia suficiente para crear sus propios Círculos. También, apoyamos a conseguir hombres en esos primeros encuentros, que es una de las mayores limitaciones cuando comenzamos con este proyecto.

## Testimonio

### Rubén Serrano, Jaén, España, 29 años, Facilitador CHE

Llegó el día y entré en un centro dedicado al bienestar, el cual conocía tímidamente. Llevaba tiempo trabajándome personalmente y decidí procurar abrirme totalmente, no solo a la experiencia, sino a mí mismo y a los demás compañeros.

Cuando vi al facilitador del espacio, pude apreciar que su rostro era más bello y bastante distinto al que le veía de perfil. Aún recuerdo cómo elogié aquella característica física. A fin de cuentas, se lo decía a un hombre, algo que nunca había hecho. Me sentí inclusivo, en un espacio libre de juicios, y toda esa quimera de distorsiones que la sociedad insegura construyó.

Me encontré con hombres receptivos y alegres de recibirme, sillas en círculo alrededor de un centro, donde imperaba una gran vela a modo de simbólica fogata.

Empezado el círculo, hice mi simbólico ritual de paso de pertenencia al grupo: encendí una vela y, después, tuve que responder algo que en mi vida siquiera me había planteado, pues lo creía implícito: ¿Qué es ser un hombre para ti?

Trastocó algunos cimientos en mi interior. Tras no sopesarlo mucho, dejé fluir aquella respuesta, algo así como que «hay tantas masculinidades como hombres hay en el mundo; cada uno la vivirá a su modo de entenderla, cultivarla y, al ser algo propio e interno, nadie puede o debiera cuestionarla, sientan como la sientan». No fue así tan escueta; fue más extensa, pero sí en esencia.

De aquel círculo salí con varias sensaciones. Una de ellas fue la importancia simbólica y personal de esa carencia, que en mí habitaba, por compartir con hombres comprometidos consigo mismos y desde la profundidad, esa en la que vemos todos los matices de la flora y fauna que allá habita y que no siempre se intuye desde la habitual superficie.

Me notaba recargado energéticamente.

Sentí ser parte de un cambio; y qué mejor que transformando el mundo, pues solo así logras cambiar el mundo exterior o, al menos, tu propio mundo.

Sentí el vacío espiritual y de reconexión con la naturaleza que tanto me impulsaba. Es por ello por lo que decidí formarme como facilitador de Círculos en Hombres Evolucionantes, para apostar por esta iniciativa de cambio, pues me identifico con sus valores y, en la medida de lo posible, aportar mi huella personal, la cual deseo que me aporte y enriquezca a los demás.

Imagina contar con un Círculo de Hombres, un grupo de apoyo que te escucha, que se identifica contigo y además se suma y acompaña tu misión.

Imagina que todos esos hombres tienen misiones y sueños que tú también apoyas y acompañas. Ahora imagina tu energía conectada con otros hombres del mundo, todo ese poder unido por grandes propósitos.

Uno de mis propósitos es gestar Círculos de Hombres para explorar, de manera individual y grupal, qué supone ser un hombre, más allá de los estereotipos y viejos patrones de comportamiento.

Quiero compartir contigo este conocimiento y promover juntos la escucha generosa.

### ¿TE ANIMAS A DAR ESTE GRAN PASO CON NUESTRO APOYO?

## 6. DINÁMICAS PARA CÍRCULOS

*Esfuérzate, no para ser un éxito, sino para ser de valor.*

Albert Einstein

Al comienzo de este libro te dije que iba a compartir todo contigo. Pues, aquí te traigo una colección de dinámicas que me ha costado años de trabajo, muchos viajes y una gran inversión de dinero recopilar. Te las entrego con todo el amor, para que te apoye en tu trabajo con hombres.

Estas dinámicas te pueden servir para la ronda de entrada o incluso para la ronda de profundidad. Con frecuencia, los hombres tenemos la tendencia natural de irnos mucho a la mente. Algunos de estos ejercicios nos pueden ayudar a bajar al cuerpo y a conectar con las emociones. Además, algunas de estas dinámicas servirán para hacer crecer la confianza y que los hombres se abran más y estén dispuestos a compartir desde la vulnerabilidad. Puedes usarlas como desees por el beneficio del grupo. Estas dinámicas las he ido recopilando en los diferentes talleres, retiros y cursos que he ido haciendo a lo largo de los años. Si las va a usar, te pediría que cites a Hombres Evolucionantes como fuente del aprendizaje y nos cuentes cómo te han servido en tus Círculos. Todas han sido probadas en talleres presenciales y algunas de ellas han sido adaptadas de manera *online*.

### 6.1. Dinámica I: Apoyo en el centro

**Objetivo:** esta dinámica es para mostrarse al grupo y para recibir el apoyo y la empatía de los compañeros.

**Método:** nos ponemos todos de pie. Podemos decidir quién hace el ejercicio y cuándo. Esta elección se realizará de forma secuencial, aleatoria o «modo *popcorn*» (palomita), donde cada persona escoge su momento cuando se sienta lista.

La persona que se expone entra al medio; los demás cierran el Círculo a su alrededor, conteniéndole.

Aquel que entró puede compartir cuál es su mayor desafío en este momento, su mayor miedo, su momento más difícil, etc. Es una oportunidad para que se exprese incluso si tiene miedo a ser visto y reconocido por el grupo. No tiene por qué ser una larga historia, sino resumirlo en pocas palabras o compartir el titular; él sabe el trasfondo que hay en ese asunto y eso es suficiente.

Los hombres que hayan vivido algo similar y resuenen con lo que dice el compañero que está en el centro se pueden acercar para tocarlo y, así, mostrar empatía, apoyo y acompañamiento. Pueden colocar una mano en la espalda, los hombros, el pecho o cualquier otra zona del cuerpo. El del centro es importante que se permita y acepte recibir el apoyo de los compañeros. Antes de acabar, podemos realizar unas respiraciones profundas por parte de todos para sostener lo compartido y aliviar entre todos esa carga.

### 6.2. Dinámica II: Escucha en pareja (*Cocouncelling*)

**Objetivo:** profundizar con un compañero para practicar la escucha activa y mostrarse de forma auténtica.

**Método:** hemos hablado de la utilización de esta dinámica antes de facilitar un Círculo en pareja. Procuramos organizarnos en duplas. En el caso de ser impares, el Facilitador puede quedarse fuera y velar por el cumplimiento de los tiempos y que la actividad se lleve a cabo correctamente.

Tendremos dos participantes a los que llamaremos A y B. El primero hablará durante unos cuatro minutos, sin parar, sobre el tema que desee escoger. Es una forma de introspección y de ahondar en lo que vaya surgiendo, más allá del discurso ya preparado al que solemos recurrir. La idea es hablar sin pensar demasiado las palabras que salen de nuestra boca.

Cuando hablamos de un grupo sin experiencia y cuyos miembros no se conocen, podemos sugerir que el tema a tratar sea hablar de nuestra vida. Por ejemplo, resumir la vida en cuatro o seis minutos. De esta forma, realizamos el ejercicio y los compañeros se abren y empiezan a conocerse un poco más.

B (el que escucha) no puede decir nada, ni siquiera comunicarse o sugerir con gestos; debe practicar esa escucha activa, atento a lo que dice. Cuando el tiempo acaba, se intercambian los roles y vuelta a empezar el proceso. B hablará y A prestará sus oídos a la escucha amorosa, sin dar ningún tipo de *feedback*. Así entrenamos esa típica reacción de querer también hablar después de la otra persona.

Al finalizar, los dos hombres se agradecen la práctica (quizá por medio de un abrazo) y terminamos el ejercicio.

### 6.3. Dinámica III: *Feedback* en pareja

**Objetivo:** practicar la escucha activa expresándose y compartiendo. También, aprender a recibir y dar *feedback*, y ver la visión que tiene el otro de mí desde fuera.

**Método:** de nuevo es necesario ponernos en pareja. Si somos impares, buscamos la mejor alternativa para emparejarnos.

A empezará contando una experiencia en la que tuvo mucho éxito o una parte de su vida que le gustó mucho, que fuese relevante en su vida y sea positivo. Mientras tanto, B escucha.

Tras acabar los cuatro o cinco minutos que se hayan pactado para realizar el ejercicio, B le ofrece al interlocutor su retroalimentación. Es muy importante que solo le reporte eso y no dar consejo. Debe decirle con sus propias palabras qué fue lo que escuchó de su compañero y cómo se sintió mientras él hablaba.

Un ejemplo podría ser:

A cuenta que en el año dos mil catorce hizo un discurso delante de mucha gente en un curso de comunicación. Fue una charla que disfrutó bastante, pues transitaba un enorme proceso de cambio que acabó poniéndole de pie delante de unas doscientas cincuenta personas.

B, dando *feedback*, podría decir:

«He escuchado que hiciste un discurso delante de doscientas cincuenta personas (...) —repite un poco lo que A ha dicho y después, también añadiría—: He visto y he sentido tu entusiasmo cuando has incidido en (...). Lo que he sentido o mi proyección respecto a ti habiéndote escuchado al decir esto es que te entusiasma hablar en público, pero que también fue un desafío importante, hasta me he puesto nervioso imaginándome hacer algo similar. Ha sido muy inspirador escucharte».

## 6.4. Dinámica IV: Lo que más te gusta de Ser Hombre

**Objetivo:** conectar con nuestra esencia masculina, celebrándola, eliminando prejuicios y conectando con el agradecimiento.

**Método:** con todos los hombres de pie y en Círculo, uno de ellos entra al medio y comunica su razón por la cual está feliz de ser un hombre, qué es lo que más le gusta. Ejemplos de cosas que he escuchado son: «Que puedo mear de pie», «Tengo claro mis objetivos», «Las emociones no controlan mi vida», cualquier cosa es válida, sin juzgar y sin darle mayor importancia. Si un hombre está feliz por eso, está todo bien.

El resto escucha y va a estar apoyándolo de la forma que más convenga; pueden gritar, dar palmas o tocar un tambor para seguir un ritmo. Cualquier recurso que ayude al que se expone y a los presentes a celebrar aquello que diga quien esté en el centro. También pueden solo tocar al compañero. Personalmente, me gusta más este modo de celebración.

### 6.5. Dinámica V: Copiar el baile

**Objetivo:** moverse, divertirse y generar complicidad entre los compañeros, despertar al niño interior. La mayoría de hombres en algún momento de nuestra existencia nos creemos esa historia de que esta vida es algo muy serio. Entonces, escondemos al niño interior y dejamos de jugar. Con esta dinámica podemos conectar con ese pequeño.

**Método:** en parejas, nos repartimos por la sala. Si somos impares, hacemos un grupo de tres.

Imaginemos que le pedimos al más alto (A) que sea quien exprese y que su pareja (B) sea el espejo. Pondremos música, a ser posible animada. A comenzará a bailar como le apetezca, soltándose un poco, relajando su cuerpo. B debe copiar los movimientos de A.

El baile puede ser todo lo refinado o absurdo que surja. Terminada la canción, se cambiarán los roles.

Este es un ejercicio muy interesante donde podremos ver cómo nos sentimos más seguros: si liderando o dejándonos liderar. Cualquier forma que les sirva a los chicos para librarse y abrirse es buena. No se trata de hacer una coreografía, sino de divertirse.

Otra interesante variación sería la de juntar dos parejas o que una sola persona lidere el grupo. Es una práctica muy divertida donde acabamos entre risas. ¡Asegurado!

## 6.6. Dinámica VI: Mostrar el guerrero

**Objetivo:** mostrar y honrar el lado más fuerte, el guerrero interno que cada hombre lleva dentro y que puede estar reprimido por miedo al juicio que hagamos de su fortaleza para servirnos o destruirnos.

**Método:** los compañeros de pie en Círculo y con palmadas rítmicas. Si contamos con un tambor, nos puede ayudar a marcar un compás. Un hombre entra al centro del Círculo y muestra cómo es su guerrero. Este puede ser un guerrero fuerte, ágil, silencioso, elegante, amoroso, inspirador, salvaje, etc.

El guerrero sale a expresar y a mostrarse mientras los compañeros lo animan con palmadas y cánticos. El que está en el centro se muestra en toda su esencia, sin reprimir nada en absoluto, puede gritar si así lo siente. Los de alrededor pueden imitarlo en el movimiento o el grito. Pasado un rato, este guerrero vuelve a filas para unirse con sus compañeros en Círculo y dando paso para que uno nuevo entre a mostrarse.

Es un ejercicio que empodera mucho la energía masculina, nos libera de condicionamientos y con el que seguramente nos divertiremos bastante.

## 6.7. Dinámica VII: Honrar al hermano

**Objetivo:** recibir *feedback*, ver lo bueno en los demás, ser directo, con honestidad, sin competitividad tóxica y honrando el divino masculino en el otro.

**Método:** con una silla o varios cojines creamos un trono. En ese lugar se sentará el que va a ser honrado; simbólicamente, será como la butaca de un rey. El resto de hombres estará sentado a su alrededor.

Todos respirarán profundamente. Cuando el tiempo comience, uno de los hombres se arrodillará frente al «rey» y le dirá todo aquello por lo que admira: sus rasgos físicos, mentales o emocionales, por ejemplo, o cualquier cosa que nos inspire el otro hombre.

Hay tres reglas fundamentales en este «honrar al hermano»:

❖ No hacemos bromas: estamos halagando honestamente al hombre que está en el trono. Una broma puede querer enmascarar distorsiones. Recuerda que venimos a salirnos de todos esos patrones de conducta.

❖ Hablamos del presente: hablamos desde el cómo este rey nos inspira en el aquí y en el ahora, sin irnos al futuro.

❖ No hablamos de uno mismo: hablamos de los valores, de lo que realmente estoy admirando en este rey.

Es idóneo que cronometremos el tiempo, que cada uno disponga de dos a cinco minutos aproximadamente y mantengamos un orden establecido de palabra.

El rey debe estar sentado en su trono, abierto a la experiencia y permitirse el recibir todas las adulaciones que le hagan. Eso sí, sin poder decir nada ni dar explicaciones o justificar cualquier cosa. El rey solo puede recibir y dar las gracias por los dones que sus compañeros le comparten.

No es obligado que cada hombre honre, sino que cada uno haga introspección sobre lo que este hermano en el centro nos inspira o motiva para justamente hacérselo saber.

Al final, todos reflexionaremos sobre cómo esos valores que hemos halagado también nos pertenecen, pues aquello que reconocemos en los demás es porque también habita en nosotros mismos, para lo malo y para lo bueno.

Esta es una de mis dinámicas favoritas. La aprendí de Arne Rubenstein, un profesor australiano con el que estudié rituales de paso y liderazgo masculino. Sirve mucho en Círculos de compañeros ya consolidados, donde podemos decirnos cosas bonitas sin todas esas limitaciones que tenemos en la mente del competir constantemente.

Es muy sanador para algunos compañeros escuchar palabras positivas de otros hombres y permitirse recibirlas.

## Testimonios

### Javier Rodríguez, Ecuador, 37 años, Facilitador CHE

Para mí, los Círculos de Hombres es un espacio donde realmente puedes ser tú, sin complejos, restricciones, miedos, en el cual puedes darte cuenta de cómo muchos hombres pasan por lo mismo que tú. Es un momento de aprendizaje, autoconocimiento y una forma de vivir la masculinidad desde aspectos más sanos y no impuestos. Es aprender a volver a tu propia esencia.

En el primer CHE tenía muchas ganas de saber qué iba a suceder. Llegaba con muchas expectativas, miedos, excitación… Una vez que participé me sentí lleno de alegría, tranquilidad; percibí mucha cercanía y empatía de todos los participantes, lo cual te genera más ganas de seguir participando

### Alfonso, Zaragoza, España, 48 años, Facilitador CHE

En el primer encuentro de Evolu100, en Ibi, pude contar, delante de todos los hombres que asistieron, cómo un compañero de trabajo abusó de mí una noche, cuando salimos de marcha. Él aprovechó que yo estaba borracho. Me costó mucho salir y poder contar ese secreto que tenía guardado durante muchos años. Me armé de valor y salí a contarlo. Tenía muchas resistencias, la voz se me entrecortaba, tenía mucho miedo a expresarme, a sentirme vulnerable ante tantos hombres. Me temblaban las piernas.

Era el sitio adecuado para mostrarme, sentía que estaba en un espacio seguro.

Después de contar la experiencia que traumatizó durante muchos años mi relación con los hombres, pude liberarme de esa carga sobre mis hombros y hacer las paces con mis hermanos, los hombres, y poder conectar con ellos desde el corazón. Poder abrazar a otro hombre sin sentirme incómodo fue un gran alivio. Mi relación con los hombres cambió desde entonces.

# 7. CERRANDO EL CÍRCULO

*"La verdadera virilidad significa una voluntad fuerte guiada por
una conciencia delicada."*

Aldous Leonard Huxley

## 7.1. ¿Cuándo hacer la ronda de cierre?

En este apartado hablaremos de cómo identificar el momento ideal para comenzar la llamada «ronda de cierre o salida».

Es importante que generemos una aproximación sobre la duración de la ronda de cierre para cumplir con los tiempos establecidos. Podríamos hacer una aproximación de cinco minutos para el Facilitador y dos por cada participante. Si tuviéramos diez personas, podríamos estimar en veinticinco minutos o incluso media hora de cierre.

Es importante tener un ritual de cierre, pues se trata de una manera de concluir el Círculo y agradecer a los compañeros.

Respecto al tiempo: si nos estamos responsabilizando en llegar a una hora concreta, es de recibo que cumplamos también con la hora de finalización, ya que los compañeros pueden tener otras obligaciones después del Círculo, pero este es un aspecto que se puede negociar con el grupo.

Es muy interesante cumplir todo esto para que los participantes se queden con una sensación de querer más y, así, es más probable que deseen repetir su asistencia.

Es positivo que el Círculo culmine vibrando en alto, donde los compañeros salgan enérgicos y con ganas de volver a estos espacios a trabajar y recargar su energía masculina. Es mejor un Círculo de una corta duración, donde todos salgan reforzados, que un Círculo estirado en el tiempo, del que salgan aburridos.

Si no dispusiésemos de un tiempo de finalización, el Facilitador puede sentir el momento en el que el Círculo puede estar bajando de energía, ya sea porque la conversación se torna densa, la gente se cansa o incluso el espacio haya alcanzado demasiada intensidad emocional. Será aquí donde entra en juego la intuición y sensibilidad del Facilitador para tomar la decisión de pasar a la ronda de cierre.

Lo importante es saber interpretar cuáles son las necesidades del Círculo.

### 7.2. ¿Qué hacer en la ronda de cierre?

Imaginemos que ha llegado el momento: es el tiempo y todo está dispuesto para comenzar a desarrollar esta parte del Círculo. El Facilitador se haría con el bastón de la palabra para anunciar que el Círculo está llegando a su fin.

Aquí tengo dos propuestas para ti:

1) Si nos vemos muy justos de tiempo, podemos pedirles a los compañeros que concreten su sentir en una o pocas palabras y compartan aquello que se llevan del Círculo. Si disponemos de más tiempo, podemos solicitar a los compañeros que compartan cómo se van, que expliquen cómo se sintieron en el transcurso del Círculo, qué se llevan o con qué se quieren comprometer hasta la próxima sesión.

Hay algo a tener en cuenta: es bastante común que haya algún hombre que apenas participa durante el Círculo y que, al ver que ya termina, tome la palabra durante mucho tiempo en esta ronda. Por eso, es bueno que en esta última parte se limite el tiempo.

Los hombres pueden aprovechar esta ronda de cierre para adquirir compromisos ante sus hermanos e incluso para pedir apoyo. Pueden escoger a un «compañero evolucionante» o «accountablity partner» (ver glosario) para que vele porque cumpla aquello que se propone. Un ejemplo: alguien decide comprometerse en ir al gimnasio cuatro veces por semana y que un compañero esté ahí, confirmando que cumple con su palabra o impulsándolo para que la lleve a cabo. En la ronda de inicio del siguiente Círculo, expondrá cómo cumplió con aquel compromiso que decidió llevar a cabo y cómo se siente al haber superado algo que quizá antes le costaba.

Es importante que esos compromisos que deciden adquirir sean específicos, medibles, alcanzables, realistas y que puedan ser controlables en el tiempo. No debemos caer en aspectos abstractos como «Esta semana voy a ser más feliz», sino algo como «Me propongo meditar diez minutos diarios».

Aquí el Facilitador puede hacer algún llamamiento, algún agradecimiento general.

## 7.3. Ritual de cierre

El Círculo es un espacio sagrado, y para conseguir que así lo sientan los compañeros es importante hacer un ritual de apertura (como vimos previamente) y uno de clausura. Puede ser tan elaborado como se desee, pero lo más importante es que sea un acto simbólico que devuelva a los hombres a su vida «normal».

Un ritual de cierre que suelo proponer es el siguiente: sentados en Círculo, colocamos las manos en vertical, como si fuéramos a aplaudir, rotamos las palmas hacia la izquierda para que la palma de la mano derecha se quede mirando hacia abajo, en posición de entrega y la izquierda mirando hacia arriba, en posición de recibir de la mano del compañero. Juntamos las manos y cerramos los ojos. Todos respiramos la energía creada. El Facilitador puede invitar a los participantes a reportar alguna palabra de agradecimiento. Para terminar y antes de despedirse, una ronda de abrazos puede ser perfecta. Pero abrazos suaves y cariñosos, no con palmadita en la espalda y con brusquedad.

Esta es solo una posibilidad. Es muy positivo que el propio Círculo vaya haciendo sus propuestas para crear un ritual de apertura y de cierre. De esta manera se apoya la creatividad de los participantes y se genera una unión mayor y una sensación de pertenencia.

### 7.4. Gestionando dificultades I

Llegado a este punto ya tienes muchos recursos y procesos para convocar tu primer Círculo. Sin embargo, quiero darte aún más en este libro. Compartiré algunas dificultades que pueden surgir al facilitar un espacio como este. También, voy a darte opciones para gestionarlas.

El Círculo es una metáfora de la vida, y como en esta, podemos encontrarnos con situaciones difíciles de gestionar. Mi recomendación es que te lo tomes todo como un desafío, para crecer y aprender. Basado en Círculos reales que facilité, vengo a compartir contigo algunos ejemplos de los desafíos con los que me topé y que, sin duda, llegaron para hacerme un mejor Facilitador. Espero que a ti también te sirvan.

## 7.4.1. Se genera una discusión entre dos miembros

Para no romper la confidencialidad te daré nombres ficticios. Recuerdo que Raimon estaba contando algo que le ocurrió de adolescente; él utilizó el termino en inglés «*pussy*», que podría traducirse como «coño, maricón, flojo o nenaza». Una persona se molestó por ello, cogió el bastón de palabra y le recriminó que le parecía inadmisible el referirse en esos términos en ese espacio. Eso abrió un intercambio de pareceres bastante agitado. Sin embargo, fue una interacción muy respetuosa, pues esperaban a ostentar el bastón contestándose el uno al otro.

Lo que yo hice aquel día es dejarlo ocurrir, puesto que no se faltaban al respeto y esperaban a tener el bastón. Nunca se convirtió en una discusión. Es muy difícil que haya una pelea si se respeta el bastón y el turno de palabra, ya que así les da tiempo a respirar lo que van a contestar. A no ser que uno le lance a otro el bastón. Hasta el momento, nunca me ha pasado, por suerte.

Es muy importante, llegados a este punto, retomar la responsabilidad personal e invitar a que compartan cómo se sienten. Lo que hice en aquella ocasión fue esperar a coger el bastón de palabra para recordar el objetivo del Círculo, que es crear un espacio seguro donde los hombres se pueden expresar de cualquier forma (recordemos ese compromiso que adquirimos con los juicios).

Muchos hombres sienten que cada vez están más vigilados y que a menudo cualquier gesto puede ser tildado de micromachismo o falta de respeto cuando quizá no tenía esa intención. Es importante que los hombres se sientan libres de expresarse en su esencia y sin miedo al juicio. También es clave que si algún hombre se siente activado por el comentario de otro, pueda decirlo, procurando no caer en el discurso de lo que es políticamente correcto y sí en el sentimiento que a uno le genera. Los círculos nos pueden ayudar también a descubrir en nosotros actitudes machistas o irrespetuosas.

### 7.4.2. Comentario fuera de tono

Imagina que alguien dice algo que vaya en contra de los valores del Círculo, por ejemplo, un comentario homófobo, racista, sexista o incluso que alguien recurra al insulto. De nuevo, recordemos que, en el Círculo, los hombres deberían poder expresarse libremente, sin ser juzgados, pero sería un momento idóneo para preguntar al resto de miembros cómo se sintieron respecto a lo acontecido: «¿Cómo os sentís al escuchar esto?». Incluso preguntar a quien realiza la acción: «¿Cuál es tu necesidad para hablar así?», en vez de recriminarle y decirle que eso está mal, que debería haber hecho eso de otro modo. A fin de cuentas, hay que buscar la forma de reforzar y cohesionar el grupo.

Recuerdo que, en una de mis intervenciones, contaba algo y dije: «I wanted to fuck them all» (en inglés), que sería algo como «Y me las quería follar a todas». Al expresar eso de aquella forma, sentí cómo la energía del grupo cambió; todos me miraron y me sentí bastante juzgado.

Cuando volví a coger el bastón les comenté cómo me había sentido tras mi anterior exposición y les pregunté cómo se sintieron ellos cuando dije eso. Con ello me cercioré de si era una proyección mía o de si realmente se habían sentido contrariados. Lo que resultó de aquello fue más conexión y profundidad en nuestro Círculo.

Un Círculo de Hombres Evolucionantes es un espacio en donde poder explorar la «sombra» (ver glosario). A menudo, el hecho de que los hombres no puedan mostrar esa sombra y tengan que jugar a contentar a todo el mundo es lo que provoca las actitudes desatadas, violentas o inmaduras después.

Dice Jack Donovan, en *The way of men*: «Un hombre que está más ocupado con ser un buen hombre que ser bueno y en ser un hombre se convierte en un esclavo dócil que se comporta bien». Pero pierde su poder personal, agregaría yo.

### 7.4.3. Falta de puntualidad

Otro posible conflicto puede ser cuando alguien llega tarde. ¿Qué debemos hacer? Es importante tener un criterio claro, más o menos flexible, pero que siempre sea el mismo. Personalmente, tras crear el espacio seguro, ya no permito entrar. Hacemos la ronda de entrada, recordamos los acuerdos y, justo antes de empezar con el trabajo profundo del Círculo, es el momento idóneo para cerrarlo a otros participantes.

A todos nos pueden surgir eventualidades que pueden escapar a nuestro control o previsión. Por ello no hay que obcecarse en la rigidez de las reglas, pero sí exigir unos mínimos que hasta para quien sufra el imprevisto le resulte como algo normal de entender.

Durante una época, en un Círculo cerrado, pusimos la regla que si alguien llega tarde, aunque fuera un minuto, no podría entrar. Así ocurrió varias veces y eso consiguió que todos estuvieran muy atentos para cumplir con la palabra y estar unos minutos antes.

### 7.4.4. Me quiero ir antes

Imaginemos que alguien tiene que irse a mitad del Círculo. Me pasó una vez que alguien llegó tarde, le dejamos participar contra el criterio general del Círculo y, luego, en la mitad, mientras hacíamos una dinámica, se fue sin decir nada. Energéticamente, lo sentimos como algo incómodo, incluso un compañero se giró y preguntó dónde se había metido esta persona. En caso de que alguien tenga que irse, creemos el espacio para que de forma grupal, de algún modo, despidamos a esta persona, pero no es lo ideal y deben ser solo excepciones.

### 7.4.5. Irrespetar el turno de palabra

Imaginemos una situación en la que un compañero no respeta el turno de palabra, interrumpe o hace preguntas de manera constante. Es clave que el Facilitador invite a respetar el turno de palabra mediante el bastón, o recordar los compromisos, por si se infringe cualquier otra regla. Recordemos ser flexibles, pero conscientes de que no queremos convertir el Círculo en una conversación de bar.

Nunca me ha ocurrido, pero en caso de que algún miembro incumpla repetidas veces los acuerdos o no respete a los compañeros, el grupo puede decidir expulsarlo del Círculo.

El siguiente texto es de Jean Shinoda Bolen, extraído del libro *El millonésimo Círculo*, que está destinado a mujeres, pero nos sirve igualmente:

«Silencio es consentir. Si una mujer domina el círculo y acapara todo el aire de la habitación, no lo hace ella sola, sino que quienes lo permiten son igualmente responsables».

### 7.4.6. Tormenta emocional

¿Qué ocurre si un hombre empieza a llorar, gritar o se pone nervioso? Lo único que debemos hacer es ser testigos de lo que está ocurriendo. Ya comentamos anteriormente el no acudir a socorrerlo para abrazarlo, tocarlo o darle un pañuelo. Esa persona debe expresar, con la palabra o con el cuerpo, lo que quiera mostrar. Al resto de participantes nos toca ser testigos de la situación y aprender a sostener el espacio, que no solo nos beneficiará a nosotros, sino también a él mismo, a que trascienda sus propios procesos por sí mismo, pues no hay mayor regalo que podamos dar que el de nuestra presencia.

Hay que pensar también en todo el contexto que hay alrededor. Recuerdo que, en Koh Phangan, un chico empezó a gritar fuerte, como un loco. Era tarde, por la noche, y como tenía vecinos, le pedí que se tranquilizara y que, por favor, no gritase tanto, que lo hiciese más tranquilamente para no molestar o asustar a los vecinos, con los que yo había llegado a un acuerdo para poder crear estos espacios en el balcón de mi casa. Aquí un ejemplo de cómo el Facilitador debe crear un espacio seguro para los integrantes y que esté también en una sintonía armoniosa con el entorno.

### 7.4.7. Conclusión

Estas son solo algunas pocas situaciones de todo el espectro que se te puede presentar. Es importante que conectes con tu intuición, desde tu guía interno, la humildad, y no desde tu prejuicio o tu herida. Siempre pregúntate: «¿Es esto lo mejor para el grupo?».

A veces, puede llegar la ocasión en la que debas invitar a alguien a abandonar el grupo. Por ello, debes estar muy conectado contigo mismo para no tomar decisiones desde las propias distorsiones, como el juicio o las heridas internas. Posiciónate siempre desde la humildad y no desde el creerte gurú de nada. Y si no sabes qué decisión tomar, puedes compartirlo con tus compañeros, ya que ellos, al igual que tú, son parte del Círculo.

## Testimonios

### Miguel Méndez, España, 41 años, productor de Evolu100hombres y Facilitador CHE.

La primera vez que asistí a un círculo de hombres fue en un festival de Yoga; allí coincidí con Francisco, nos conocimos de varios inviernos en la Isla de Koh Phangan.

Recuerdo perfectamente entrar en un tipi grande, sentarme en el círculo y, automáticamente, empezar a observar e intentar adivinar los pensamientos de cada hombre.

Mi sistema de protección se activó al mismo tiempo que mi juicio; los pensamientos empezaron a inundar mi cabeza: qué le pasará a este hombre que tengo enfrente, yo no tengo muchos problemas, no sé qué voy a contar, y siguieron sucediendo todo tipo de pensamientos automatizados.

El círculo empezó y, afortunadamente, mis ganas de explorar y una actitud abierta, unido a un ambiente de confianza y seguridad, hicieron que durante la intervención del tercer hombre me diera cuenta de que yo podía ser cualquiera de esos hombres en cualquier momento de mi vida y que cualquiera de esos hombres podía ser cualquiera de mis amigos o familiares. Entonces entendí el gran valor de estos espacios y la gran necesidad que tenía como hombre de quitarme la máscara, conectar con mi vulnerabilidad y poder mostrar mi esencia.

Empecé un viaje revelador que continúa a día de hoy. El camino me ha llevado a formarme como facilitador y crear círculos de Hombres Evolucionantes, colaborar con otros facilitadores, ayudar a expandir y llevar estos espacios a otros hombres y organizar festivales y talleres solo para hombres.

Han pasado ya cuatro años del primer círculo y no hay ni un solo círculo al que haya asistido donde no me haya llevado algo de valor.

A día de hoy puedo ver todo lo que me ha aportado como hombre y el trabajo que he realizado. Aquí va una pequeña lista de lo más significativo:

Capacidad de observación

Capacidad de identificar y expresar mis emociones

Escucha

Empatía

Unidad

Hermandad

Expansión

Como hombre, puedo ver en otros hombres la dificultad, la resistencia y el miedo a dar el paso a iniciar un camino de trabajo personal para romper los viejos patrones de la masculinidad. Puedo verlo porque a mí también me ha pasado y me sigue pasando.

El compromiso y la responsabilidad de expandir estos espacios es de todos los hombres que ya hemos dado un primer paso. Cuando me acerco a otro hombre con compasión y escucha, se crea un vínculo que nutre la capacidad de empatía y es en ese punto cuando un hombre es capaz de asumir su responsabilidad y entrar al Círculo.

De todos los círculos, retiros, festivales y eventos para hombres en los que he participado, no hay ni un solo hombre que se haya acercado a expresar que la experiencia no tuviera ningún valor para él.

## 8. LLAMAMIENTO

*A veces, nuestra propia luz se apaga y se
vuelve a encender por la chispa de otra persona.
Cada uno de nosotros tiene motivos para pensar
con profunda gratitud de aquellos que han
encendido la llama dentro de nosotros.*

Albert Schwitzers

Hermano, estamos llegando al final de este Círculo. En estas páginas te he compartido mucho de lo que sé sobre los Círculos de Hombres y algunas experiencias personales muy íntimas.

Hemos repasado qué es un Círculo, descubierto la diferencia entre el porqué y el para qué y, además, has recibido con pelos y señales cómo puedes organizar un espacio para hombres y hacer que sea exitoso.

He destilado en este libro los aprendizajes que me han costado adquirir, años de estudio e infinitas horas de práctica en Círculos reales, presenciales y *online*.

Llegados a este punto, he de expresarte mi más profunda gratitud por haber llegado hasta el final del libro. Eso demuestra tu compromiso y por ello, desde el corazón, **MUCHAS GRACIAS**. El mundo necesita más hombres como tú.

Si has llegado hasta aquí, me encantaría que tomes una foto de esta página (o de alguna cita que te haya gustado), que la compartas en redes y que me digas qué te ha parecido el libro. Estaré feliz de contestarte si me etiquetas:

@ffranciscoach

@evolucionantes

Te pediré también que cuando llegues al final del libro dejes un comentario y otorgues **5 estrellas** si lo que has leído te ha gustado, y que me cuentes cómo te ha aportado valor las experiencias y los conocimientos aquí aportados. Esto es importante para que otros hombres se puedan inspirar a acompañarnos en este camino y a mí me da energía para seguir adelante con esta misión que comparto contigo. Además, si dejas un buen testimonio sobre el libro y me lo compartes por Instagram, estaré feliz de hacerte un regalo.

## Testimonios

### José Javier, Zamora, España, 53 años, participante CHE.

Me he sentido respetado al dárseme el espacio seguro para poder mostrar mi vulnerabilidad. La receptividad del grupo, junto con la energía masculina, me ha nutrido. Estoy agradecido.

El haber podido abrirme ante los hombres y expresar lo que estaba sucediendo en mí, de manera honesta y respetándome, ser escuchado sin juicio, me permitió conectar con mis emociones y vivirlas, experimentarlas, procesarlas, a través de sentir el apoyo de los demás hombres.

### Albert, Lleida, España, 31 años, participante del curso Sexualidad Evolucionante.

Los Círculos se viven; de nada sirve leer sobre ellos, ya que la experiencia de poder conectar con tus compañeros evolucionantes y de tener más ganas de escuchar que de hablar y explicar tus historias es algo totalmente novedoso para mí. Escuchas a tus compañeros y te haces parte de su experiencia, dolor, emociones, y al terminar sales completamente renovado, porque esa misma herida que sana tu compañero la sanas tú también. Es un espacio de conexión y transformación

## 9. CONCLUSIÓN Y GRATITUD

*Asociamos masculinidad con tiranía y eso
es muy duro para los jóvenes.*

Jordan Peterson

En el año 2011 volví a España después de un viaje de un año por África y América. Antes había estado tres años viviendo en Irlanda. Por entonces, me separé de la que había sido mi pareja durante ocho años. Mi vida dio un giro total.

En 2011 comencé a trabajar para una multinacional. Era, supuestamente, la mejor vida a la que podía aspirar: un cargo rimbombante, una gran empresa de Internet, un ático en Madrid, viajes de trabajo a Barcelona, Irlanda o Las Vegas.

Sin embargo, mi alma se sentía vacía. No resonaba con los ambientes de peloteo o abuso de alcohol y drogas del mundo de la publicidad. Rechazaba la superficialidad de los anuncios de esos que ves en las páginas de Internet.

No quería estar ahí, pero no tenía ni idea de hacia dónde ir.

Un día, el jefe dijo que había un curso de formación interna sobre Inteligencia Emocional. A mí, que me gusta aprender de todo, me apunté sin pensarlo.

Aquel señor, cuyo nombre no recuerdo, por desgracia, nos estuvo hablando de cosas muy interesantes. Yo lo veía y pensaba: «Quiero hacer lo que hace este tipo». Es decir, acompañar a las personas a que se entiendan mejor y tengan más recursos para su vida.

Al final del curso fui hacia él y le pregunté: «¿Qué tengo que estudiar para ser como tú?». Tenía miedo de que me dijera que debía volver a la universidad a estudiar psicología; ya había pasado siete años en la facultad. Sin embargo, su respuesta fue «*Coaching*. Puedes estudiar *coaching*».

Creo que nunca antes había escuchado esa palabra o, al menos, no le había prestado atención.

A partir de ahí comencé una investigación sobre el *coaching* y empecé a interesarme por el desarrollo personal. En verdad, la incomodidad que había en mi alma ya no la podía apaciguar con alcohol, mujeres o fútbol.

Y entonces apareció Joaquina Fernández. Ella me dio la entrada al mundo del crecimiento personal y me ayudó a ver algunas de mis zonas más oscuras.

En junio de 2014, por fin dejé la empresa, después de varios intentos. La vida siempre me testeaba, y cada vez que planteaba mi salida me ofrecían un aumento de sueldo o una posición mejor.

Ya había ahorrado suficiente para sentirme seguro y, sobre todo, había reunido el suficiente valor para hacerlo, a pesar de que mucha gente me decía que estaba loco por dejar un trabajo así.

El día que escribí a mis clientes y compañeros diciendo que me iba, recibí un buen número de correos en los que varias personas me mostraban su admiración y me confesaban que ellos también querían irse pero no se atrevían.

El universo desde entonces estuvo a mi lado y me apoyó para que encontrara lo que necesitaba para seguir creciendo.

Viajé por Turquía y llegué a La India para formarme como profesor de Asthanga Yoga. Estando allí, en Rishikesh, encontré un par de libros de tantra, y leerlos me mostró que la sexualidad y la espiritualidad eran el camino que andaba buscando.

Mi intuición me llevó a la Isla de Koh Phangan, en la que pasé los siguientes cinco inviernos formándome en yoga, tantra y en un montón de facetas diferentes.

Allí conocí a Raffaello Manacorda y Amitayus Ricky. Ellos facilitaron aquel primer taller de hombres del que he hablado en este libro. Más adelante, tuve la posibilidad de compartir con ellos Círculos, talleres y experiencias maravillosas.

Desde aquel momento empecé a facilitar Círculos de Hombres, más desde la curiosidad que desde la idea de que esa fuera mi misión.

**Pero el universo siguió mostrándome el camino.**

Conocí a Alexander, mi primer *bromance* y hermano de experiencias. También, a todos los hombres que pasaron por los Círculos abiertos y cerrados en mi balcón de Koh Phangan.

En un viaje a Portland, Estados Unidos, conocí a Michael Hrostoski, quien me mostró que sí era posible formar una comunidad de hombres conscientes.

En el año 2016 tuvo lugar la primera edición de Escuela de Héroes, un retiro de tres días que cambió la vida de muchos hombres, incluida la mía. Y desde entonces nació Hombres Evolucionantes, la comunidad que hoy en día dirijo y que aglutina a miles de hombres en todo el mundo.

En el 2017 me inicié con la comunidad de Mankindproject, en Irlanda, que también me inspiró a seguir adelante.

A finales del 2017 lancé la primera formación para facilitadores CHE. Ese grupo de hombres que confió en mí fue una inspiración enorme para darme cuenta de que de verdad podía vivir de esto y que esa era la mejor opción. Si era capaz de convertir en abundancia todo el trabajo que estaba llevando a cabo, eso me serviría para seguir invirtiendo en mí y poder compartir recursos más poderosos para el crecimiento masculino.

Siguieron apareciendo en mi camino maestros y acompañantes, a los que agradezco. Isa y Juanmi, de Masymejor, me ayudaron a hacer que el proyecto creciera, al compartir conmigo muchos de sus conocimientos sobre emprendimiento.

En ese tiempo creé Sexualidad Evolucionante, el curso *online* que ha transformado la vida de cientos de hombres a través de la sexualidad consciente. Y también cocreé con mi compañera Diana Garcés el Congreso de Sexualidad Consciente, en español.

Y entonces apareció Diana Núñez, la que es ahora mi esposa y compañera de vida. Ella me trajo la confianza y la paz mental de que había encontrado aquello que mi alma buscó durante toda mi existencia. Diana es una fuente de inspiración. Me anima a seguir creciendo a su lado, para poder admirarnos mutuamente, crear el mundo que queremos a nuestro alrededor y servirme de nutrición con su deliciosa y sagrada energía femenina.

Quiero agradecer también a Miguel Méndez, mi socio en Evolu100hombres y compañero de fantasías. Juntos creamos dos eventos preciosos, y seguro que llegarán más en el futuro.

Honro a Arne Rubenstein, por mostrarme el liderazgo desde la humildad, y a todo el equipo de European Men´s Gathering, festival europeo de hombres, en el que tuve la posibilidad de dictar talleres en 2018 (Suecia) y 2019 (Dinamarca).

El año 2020 trajo muchos cambios al mundo y uno de ellos fue que cada vez más hombres están interesados en el desarrollo personal. Cada vez más varones no se conforman con vivir la vida que se supone que tienen que vivir y quieren profundizar y ponerse al servicio de otros. Quizá tú seas uno de ellos.

Con el maravilloso equipo de Hombres Evolucionantes seguimos creando experiencias virtuales y presenciales de transformación masculina.

En enero de 2020, se me ocurrió crear un grupo *mastermind* de hombres. Años atrás había tenido un grupo de blogueros como soporte que duró casi tres años y que cada semana nos dábamos apoyo en nuestros proyectos.

Esta vez, tenía la ilusión de que fueran solo hombres y fue sin duda la mejor idea que he tenido en los últimos años.

Desde que comenzamos, Jon Valdivia, Oscar Sotto, Gonzalo Salinas, Andoni Silva y Sebastian Valensi, todos nos hemos apoyado cada semana. Después se unió Sebastián Trujillo.

Es una de las cosas más valiosas que tengo en mi vida. Este grupo de hombres, conscientes e inspiradores, me empuja a ser más grande, me permite apoyarlos y me sostiene en la adversidad. ¡Larga vida al Lingam Lab!

Desde el comienzo he sentido esto como un propósito mayor que yo, como una misión que me venía dada. Los primeros años no fueron nada sencillos, me sentía como el primer hombre que avanza por una selva, machete en mano, caminando sin saber a dónde ir, enfrentando obstáculos incómodos con la única guía de la intuición y el valor personal.

Por eso, quiero también agradecer a los miles de hombres que durante los últimos años han sentido curiosidad y han confiado en Hombres Evolucionantes para participar en Círculos presenciales y *online*, en talleres y retiros presenciales y en formaciones virtuales.

En especial, a los hombres que han decidido unirse a la comunidad de Facilitadores de Círculos de Hombres Evolucionantes. Empezamos por los dieciséis que compraron el curso cuando no existía y que siguen apoyando el proyecto. Ahora ya se cuentan por cientos.

Esto me hace sentir que, en este momento, avanzo por ese camino de la jungla, pero ahora acompañado por un ejército. Esta armada no viene a robar ni a destrozar, como las de antaño. Este grupo de hombres viene a sembrar el amor, a crear espacios en los que otros hombres puedan abrirse y mostrar sus heridas y sanarlas. Así, nos apoyamos en este camino de crecimiento, nos inspiramos para ser mejores hombres y mejores personas. Tengo la certeza de que si cada hombre pudiera disfrutar de un espacio así, en el que mostrarse en su autenticidad, el mundo sería un lugar mejor, con más libertad, amor, propósito y abundancia.

**Y ahora es tu momento. Tú tienes la decisión.**

Si has leído todo el libro, tiene más que de sobra para empezar a generar tus propios espacios. Si quieres unirte a la comunidad de Facilitadores CHE, estaría feliz de que lo hagas. Por eso, en este enlace, te invito a participar de una *masterclass* para contarte más sobre la Formación de Facilitadores CHE.

http://hombresevolucionantes.com/lectores-che

Facilitar Círculos es algo muy especial, pero hacerlo con la compañía de otros hombres que llevan ya decenas de Círculos en su bagaje se puede convertir en una experiencia que te cambie la vida para siempre.

Si quieres seguir tú solo, también honro tu camino y te deseo la mejor de las suertes. Ojalá en algún momento nuestros caminos se crucen y podamos compartir esta pasión del trabajo con hombres.

Tengo la sensación de que este no será el último libro que escriba, pero siempre será el primero.

Para terminar, quiero compartir contigo una idea que escuché de mi colega, el filósofo Alexander Bard, en el European Men´s Gathering de 2019, en Copenhague. Su teoría dice que los hombres somos criaturas limitadas, al menos en comparación con las mujeres, que son capaces de formar la vida de un nuevo ser en su vientre. Esta limitación, según dice Alexander, es lo que nos lleva a los hombres a crear tantas cosas. Nuestra semilla de creatividad se ve en el mundo a través de la electricidad, la brújula, Internet, el automóvil, el Taj Mahal o las pirámides. Todos ellos son fruto de la energía creativa de algún hombre que, en algún momento de su vida, quiso dejar un legado.

Quizá tú también sientes ese fuego interior del que habla Sam Keen en el libro *Fire in the Belly: On Being a Man*. Ese fuego lo puedes desperdiciar bebiendo alcohol, viendo porno y masturbándote, o fumando marihuana, pero también lo puedes canalizar en crear algo, en ponerte al servicio de los demás y, de esa manera, encontrar una propósito a tu existencia en esta tierra.

Sin duda, yo sentí ese fuego hace tiempo, y sigue alimentándose de las sonrisas, las lágrimas y los abrazos de cada hombre comprometido como tú.

Y ahora cerramos este espacio sagrado del Círculo de Hombres Evolucionantes que hemos compartido.

Te veo en el camino.

Te honro, hermano.

## COMENTARIOS AL PRESENTE LIBRO

Una de las frases que más repito a mis clientes es: «No existen las parejas felices; existen las personas felices que hacen pareja. No existen las empresas felices, existen las personas felices que hacen empresa».

Uno de los propósitos de nuestra existencia como seres humanos es vivir más tiempo y llevarnos mejor con el resto de seres vivos del planeta. Estoy seguro de que para construir las bases de una nueva humanidad cimentada en el amor, el respeto y la prosperidad, el trabajo debe iniciarse en el interior de los individuos.

Por eso es tan importante este libro que tienes en tus manos y el excepcional trabajo que hace Francisco Fortuño desde hace años por y para los hombres.

La mayoría de nosotros hemos guardado heridas, vacíos, traumas y dolores desde la infancia, que hemos ido ocultando por diferentes razones, sobre todo porque se nos ha enseñado que los hombres debemos ser fuertes, no podemos llorar o mostrarnos sentimentales.

Esas heridas que piden a gritos salir y que llevan tanto tiempo dentro, luego se revelan y explotan afectando al entorno y a nuestra salud, relaciones o incluso nuestra economía.

Cuando conocí a Francisco, vi en su mirada el propósito de contribuir a hacer de este un mundo mejor y ese firme compromiso por expandir el mensaje y servir de instrumento «llave» que abre las puertas de la vulnerabilidad masculina para conseguir con los círculos transformaciones extraordinarias en la vida y el entorno de los hombres que asisten a estos encuentros.

No existe un mundo feliz; existen personas felices que hacen un mundo. Y si estás leyendo esto es porque también haces parte de un grupo de personas que, de una forma u otra, confiamos en que un mundo más armónico lleno de seres humanos pacíficos y auténticos es posible.

## Sebastián Trujillo

Autor de:

*Amor y Sexo Consciente: Una guía práctica para crear relaciones extraordinarias y despertar a través de ellas.*

Desde que comencé a trabajar con grupos de hombres con el Mankind Project, en el año 2012, entendí lo importante que es el trabajo sagrado masculino. Sin embargo, me di cuenta de que existía un vacío enorme en el mundo hispanohablante con respecto a este tipo de trabajo, ya que, a pesar de ser una de las formas de crecimiento más efectiva entre los hombres, los grupos de trabajo masculinos eran prácticamente inexistente en todo lugar donde se hablaba español.

Hoy, eso se transforma. Con su libro, *Círculos de Hombres. Manual para la evolución masculina*, Francisco Fortuño nos entrega una guía detallada sobre cómo los hombres pueden crear espacios de sanación, desarrollo y hermandad para construir un mundo en donde el hombre se sienta orgulloso de vivir desde su esencia masculina. Probablemente, sea el libro más necesario para los hombres en el mundo de hoy.

## Gonzalo Salinas

Autor de:

*Venciendo la adicción al porno: 7 pasos para tener una vida sexual sana.*

194

# GLOSARIO

### *Accountability Partner* o Compañero Evolucionante

En los cursos de Hombres Evolucionantes, es el participante con el que puedes compartir el proceso de transformación para profundizar en las enseñanzas y prácticas recibidas. Se pueden producir relaciones de amistad intensas gracias a este proceso.

### Bastón de palabra

Es un elemento usado como una técnica de comunicación, por siglos y generación tras generación, en muchas tribus de América. Poseer el bastón marca el turno de palabra y la posibilidad de dirigirse al grupo sin ser interrumpido.

### Bromance

Es el acrónimo de las palabras «*brother*» (hermano masculino en inglés) y «romance». Es una forma de referirse a un vínculo afectivo intenso, no-sexual, entre dos (o a veces más) varones. Estas relaciones suponen un mayor vínculo afectivo y emocional que el de la tradicional amistad.

www.hombresevolucionantes.com/que-es-un-bromance/

### Karma

Según varias religiones dhármicas, el karma es una energía trascendente que se genera a partir de los actos de las personas. También conocido como un espíritu de justicia o equilibrio. Es una creencia central en la doctrina del hinduismo, el budismo, el jainismo.

### Energía femenina y masculina

Todo el universo está regido por dos fuerzas en constante atracción. El taoísmo habla del yin y el yang. El hinduismo, de Shiva y Shakti. La física habla de que hay un polo positivo y uno negativo. En la naturaleza siempre hay una fuerza que emite y una que recibe. El tantra habla de una energía femenina y una energía masculina que habita en todos los seres humanos sin importar su género.

www.hombresevolucionantes.com/femenino-y-masculino-en-hombres/

### Femenino Sagrado

Cualidades receptivas, silenciosas, pasivas, lentas, fluidas, sensitivas, creativas, paciencia, capacidad de escuchar y el cuidado de la vida. El elemento relacionado es el agua; el órgano es el corazón.

### La sombra

Es uno de los arquetipos principales de lo inconsciente colectivo, según la psicología analítica de Carl Gustav Jung.

Jung utilizó este término de dos modos diferentes:

Por un lado, se puede definir como la totalidad de lo inconsciente. Del mismo modo que Freud define inicialmente el inconsciente como todo aquello que cae fuera de la consciencia, Jung mantiene el mismo postulado adaptándolo a su propio corpus teórico, en el que el inconsciente tiene, además de la dimensión personal, una colectiva (inconsciente colectivo).

En segunda instancia, la sombra designa al aspecto inconsciente de la personalidad, caracterizado por rasgos y actitudes que el yo consciente no reconoce como propios.

## Mansplaining

Es un neologismo anglófono basado en la composición de las palabras «*man*» y «*explaining*», que se define como «explicar algo a alguien, especialmente un hombre a una mujer, de una manera considerada como condescendiente o paternalista».

## Manspreading

Despatarramiento o despatarre masculino. En inglés, es un término que se refiere a la práctica de algunos hombres de sentarse con las piernas abiertas en el transporte público, ocupando con ello el espacio de más de un asiento.

## Masculino Sagrado

Acción, rapidez, intrepidez, osadía, fuerza, entusiasmo. El elemento es el fuego y el órgano es el cerebro. Otras cualidades: dirección, movimiento, responsabilidad, fuerza, enfoque, paternidad, el sol, generosidad, coraje, abundancia material, claridad, intelecto, transformación y crecimiento

## Shakti

En el marco del hinduismo, Shakti, o más correctamente en transcripción IAST «Śakti», designa a la «energía» de un deva (dios masculino hinduista), personificada como su esposa. Algunos eruditos señalan a Shakti, como el aspecto femenino de Dios. En tantra se utiliza «shakti» para nombrar lo sagrado femenino, la energía de amor puro que habita en el mundo.

## Shiva

En la fe del hinduismo, Shiva es uno de los dioses de la Trimurti ('tres-formas', la Trinidad hinduista), en la que representa el papel del dios que destruye y renueva el universo, junto con Brahmá (Dios creador) y Visnú (Dios conservador). En tantra, Shiva representa lo sagrado masculino, la consciencia divina.

## Triángulo dramático de Karpman

Es un modelo psicológico y social de la interacción humana en el análisis transaccional, descrito por primera vez por Stephen Karpman, en su artículo de 1968, «Fairy Tales and Script Drama Analysis». El modelo de triángulo dramático se utiliza en psicología y en psicoterapia.

El modelo propone tres papeles habituales psicológicos (o juegos de rol) que la gente suele tomar en una situación:

La persona que se considera o acepta el papel de víctima.

La persona que coacciona a las presiones o persigue a la víctima.

El socorrista o rescatador que interviene, aparentemente, con un deseo de ayudar al más débil o mejorar la situación.

# BIBLIOGRAFÍA

Bacete, Ritxar (2017). *Nuevos Hombres Buenos: La masculinidad en la era del feminismo.* Atalaya

Bly, Robert (1990). *Iron John: A Book about Men.*

Boykin, Clay (2018). *Circles of men: Supporting Men in Finding Greater Meaning and Purpose in their Lives; A Counter-Intuitive Approach to Creating Men's Groups Brizendine, Louann (2013). El cerebro Masculino.* RBA

Deida, David (2000). *El camino del hombre superior. Guía espiritual. Los desafíos del amor y del deseo sexual en el hombre de hoy.* Gaia Ediciones.

Donovan, Jack. (2012). *The way of men.*

Fernández, Joaquina (2017). *Piensa en ti: Diseña tu vida para ser feliz.* Planeta libros.

Glover, Robert (2000). *¡Basta ya de ser un Tipo Lindo! / No More Mr. Nice Guy: Un plan probado para que obtengas lo que quieras en la vida, el sexo y el amor.*

Henry, Clyde (2013). *The Men's Group Manual.*

Jiménez, Daniel (2019). *Deshumanizando al varón: Pasado, presente y futuro del sexo masculino.*

Kauth, Bill (2015). *A Circle of Men: The Original Manual for Men's Support Groups, with ManKind.*

Moore, Robert y Gillette, Douglas (1992). *King, Warrior, Magician, Lover: Rediscovering the Archetypes of the Mature Masculine.*

Rubinstein, Arne (2013). *The Making of Men: Raising boys to be happy, healthy and successful.*

Shinoda Bolen, Jean y Gómez Belastegui, Elsa (2004). *El millonésico Círculo: Cómo transformarnos a nosotras mismas y al mundo.*

Taylor, Michael (2016). *Lessons From A Gathering Of Men: How Men's Work Is Redefining Masculinity And Improving Men's Lives.*

Made in the USA
Middletown, DE
25 July 2023

35695260R00118